# Pilgern
## in Deutschland

Nina Kolle und Axel Nowak



»Pilgern sprengt den
verkrusteten Alltag auf.
Es ist Bewegung
unter dem Segen Gottes.
Immer mehr Menschen geben
pilgernd ihrer Sehnsucht Raum.
Das klare Ziel: Es befreit uns
von dem ewigen Hin und Her.
Die alten Wege: Wir üben
Vertrauen in unsere Vorgänger.
Die neue Kenntnis: Es ist mehr
möglich, als wir erwarten.
Pilgerwege sind
Überraschungswege.«

**Bruder Paulus,**
**Kapuziner-Mönch, N24-Talkmaster**
**in »Um Gottes Willen«**

# Inhalt

4 **Grußwort**
von Bischof Dr. Huber

5 **Vorwort**
von Dr. Manfred Stolpe,
1. Vorsitzender der Initiative »Pilgern bewegt«

6 **Pilgern im spirituellen Sinne**
Gedanken von
Pater Dr. Anselm Grün

10 **Pilgern heute**
*Die Botschaft im 21. Jahrhundert lautet: Die Reise beginnt im Kopf*

**Pilgern in Deutschland**
*Eine Auswahl der schönsten Pilgerrouten durch Deutschland mit Beschreibungen von Orten und Sehenswürdigkeiten sowie vielen Freizeit- und Kulturtipps*

16 **Pilgerweg 1 – Die Hanseroute**
Von der Hansestadt Stralsund bis zur Hansestadt Bremen
– Radwanderung von Ribnitz-Damgarten nach Heiligendamm
– Autotour durchs Alte Land

30 **Pilgerweg 2 – Die Fontaneroute**
Von Chorin nach Dresden
– Wanderung vom Biosphärenreservat Schorfheide-Chorin bis Bernau bei Berlin




**Erläuterung der Symbole und Abkürzungen**

*Für Familien mit Kindern besonders geeignet*

*Diese Unterkünfte haben rollstuhlgerechte Zimmer*

*Diese Unterkünfte sind besonders radlerfreundlich*

*In diesen Unterkünften sind Hunde erlaubt*

CREDIT *Alle Kreditkarten werden akzeptiert*

*Keine Kreditkarten werden akzeptiert*

*Übernachtung im Doppelzimmer mit Frühstück für zwei Personen:*

| | | | |
|---|---|---|---|
| ●●●● | ab 100 € | ●● | ab 41 € |
| ●●● | ab 70 € | ● | bis 40 € |

*Preise für ein Hauptgericht ohne Getränke:*

| | | | |
|---|---|---|---|
| ●●●● | ab 20 € | ●● | ab 9 € |
| ●●● | ab 14 € | ● | bis 8 € |

44 **Pilgerweg 3 – Die Bischofsroute**
Von Hannover nach Köln
– Wanderung von Bielefeld zum Kloster Marienfeld

56 **Pilgerweg 4 – Die Lutherroute**
Von der Lutherstadt Wittenberg zum Nationalpark Hainich
– Wanderung durchs Weinland von Naumburg nach Apolda
– Autofahrt von Erfurt über die alte Via Regia in den Hainich

68 **Pilgerweg 5 – Die Klosterroute**
Von Nürnberg nach Lindau
– Wanderung von München an den Ammersee

82 **Pilgerweg 6 – Die Franken-Schwaben-Route**
Von Aschaffenburg nach Lindau
– Wanderung von Lindenberg an den Bodensee

96 **Pilgerweg 7 – Die Weinroute**
Von Koblenz bis Konstanz
– Wanderung von Tübingen-Bebenhausen nach Rottenburg am Neckar

110 **Wissenswertes über Pilgern in Deutschland**
*Praktische Hinweise und Hintergrundinformationen*

122 Adressen der VCH-Hotels
123 Adressen der CVJM-Unterkünfte
124 Orts- und Sachregister
126 Pilgerpass
128 Impressum

**Karten und Pläne**

***Übersichtskarte Norddeutschland*** *................ Umschlagkarte vorne*
***Übersichtskarte Süddeutschland*** *...................... Umschlagkarte hinten*
***Etappenkarte Pilgerweg 1a*** *........ 24/25*
***Etappenkarte Pilgerweg 1b*** *............ 29*
***Etappenkarte Pilgerweg 2*** *.............. 43*
***Etappenkarte Pilgerweg 3*** *.............. 54*
***Etappenkarte Pilgerweg 4a*** *............ 63*
***Etappenkarte Pilgerweg 4b*** *............ 67*
***Etappenkarte Pilgerweg 5*** *........... 80/81*
***Etappenkarte Pilgerweg 6*** *.......... 94/95*
***Etappenkarte Pilgerweg 7*** *............. 107*
***Stadtplan Lindau*** *......................... 93*

**www.merian.de**
**Ihr persönlicher Zugangscode:**
**20079523**

**Religion und Reisen**

# Die Neuentdeckung des Pilgerns

Religion und Reisen haben eine lange gemeinsame Tradition. Im »Pilgern« als religiös motiviertem Reisen kommt beides zusammen: Menschen machen sich auf den Weg, um Gott, den Mitmenschen und sich selbst anders zu erfahren. Menschen brechen auf aus ihrem Alltag, ihrem Komfort, ihrem gewohnten Umfeld, um mit Körper, Geist und Seele am fremden Ort einzukehren und Neues zu entdecken. »Pilgern« stellt so eine wertvolle Möglichkeit der Begegnung mit Gott auf dem Weg dar.

In früheren Zeiten hatten die evangelischen Kirchen Vorbehalte gegen die mit dem Pilgerwesen oft verbundenen Ideen von Ablass, Heiligenverehrung und verdienstlicher Frömmigkeit. Die Abkehr von solchen Vorstellungen behält aus protestantischer Sicht ihren Grund: Pilgern ist kein Weg, um sich vor Gott Verdienste zu erwerben. Die Bedeutung des Pilgerns reicht jedoch weit darüber hinaus und wurde von evangelischen Christen immer wieder neu entdeckt. Zu den Segnungen des Pilgerns gehört die tiefe Verbindung von Singen, Beten, Gehen und Schweigen; die Erfahrung der Gemeinschaft mit anderen Glaubenden auf dem Weg; die Begegnung mit den heiligen Orten der Mütter und Väter; das Bewusstwerden des eigenen Lebens- und Glaubensweges; die Freude an der eigenen Geschöpflichkeit und an der Schönheit der Schöpfung ringsum; die Freiheit des Verzichtens und der Reichtum des Loslassens; die Annäherung an den Fremden durch das »selbst zum Fremden werden«. All dies zusammen macht das Besondere des Pilgerns aus. Gerade in einer hoch mobilen Gesellschaft, deren Stress und deren Hektik vielfach auch das Freizeitverhalten prägen, eröffnet das Pilgern als ein entschleunigtes Reisen des ganzen Menschen neue religiöse Erfahrungsdimensionen. Der Mensch erfährt sich selbst als Wanderer in der Zeit »zur großen Ewigkeit«.

Als Ratsvorsitzender der Evangelischen Kirche in Deutschland begrüße ich die Initiative »Pilgern bewegt« und die von ihr verfolgten Ziele, das Pilgern in Deutschland zu fördern und die Pilgerwege barrierefrei für alle zu öffnen. Ich wünsche allen, die an der Initiative mitwirken, und allen, die auf den Pilgerwegen reisen, Gottes Schutz und Segen.

*»Ein Tag, der sagt dem andern, mein Leben sei ein Wandern,*
*zur großen Ewigkeit.*
*O Ewigkeit, so schöne, mein Herz an dich gewöhne,*
*mein Heim ist nicht in dieser Zeit.«*

(Gerhard Tersteegen, EG 481,5)

**Bischof Dr. Wolfgang Huber**
Ratsvorsitzender der Evangelischen Kirche in Deutschland

**Initiative Pilgern bewegt**

# Der Weg ist das Ziel

Die Pilgerbewegung in Deutschland hat in den letzten Jahren stark zugenommen. Sie kommt dem wachsenden Bedürfnis der Menschen nach Sinnsuche und vertiefender Spiritualität entgegen. Die Initiative »Pilgern bewegt« will kontemplatives Pilgern fördern, alte Pfade reaktivieren, neue entdecken und sie allen Menschen barrierefrei öffnen. Unter dem Motto »Der Weg ist das Ziel« wird dieser Gedanke in eine breite Öffentlichkeit getragen. Die Idee ist offen für die Zusammenarbeit mit engagierten Bürgern und Verbänden, mit Organisationen aus Kirche, Kultur, Sport und Wirtschaft.

Zu den Gründungsmitgliedern der Initiative zählen der Verband Christlicher Hoteliers – VCH – sowie der Bruderhilfe Automobil- und Verkehrssicherheitsclub – BAVC. Der VCH hat sich mit etwa 60 angeschlossenen Hotels in Deutschland und drei im angrenzenden Ausland auf Kultur-, Tagungs- und Ferienreisen spezialisiert: Er bietet niveauvolle Übernachtungen in Klöstern, Landhaus- und Wellness-Hotels der Drei- und Vier-Sterne-Kategorie an – in der Stadt als auch auf dem Land, für Urlauber und Geschäftsleute. Der Verband blickt auf eine über 100-jährige Tradition zurück, die bis in die Zeit der Hospize, der Herbergen für Bedürftige, aber auch der frühen Pilger reicht.

Der BAVC ist ein moderner, kirchennaher Automobilclub, dessen Tradition in den 1920er-Jahren begann, als die ersten Pfarrer das Automobil nutzten. Der christliche Gedanke prägte die Arbeit des BAVC von Anfang an. Heute will der Verein mehr sein als ein Lobbyist der Autofahrer. Deshalb kümmert sich der BAVC um alle »Menschen unterwegs« und steht für ein rücksichtsvolles Miteinander im Verkehr.

Beide Gründungsmitglieder zeigen ihr christliches Selbstverständnis mit sozialem Engagement: Auch in ihrer Mobilität eingeschränkte Menschen sollen die Möglichkeit bekommen, auf barrierefrei gestalteten Wegen zu pilgern. Auch wenn es noch ein weiter Weg ist, Pilgerpfade allen Menschen zugänglich zu machen, so arbeitet die Initiative »Pilgern bewegt« Schritt für Schritt an diesem Ziel.

Als nächste Maßnahmen sollen Pilgerwege und barrierefreie Etappen – so noch nicht geschehen – gekennzeichnet werden. Alternative Routen für landschaftlich schwer begehbare Etappen werden ausgearbeitet. Uneingeschränkte Mobilität bedeutet in unserem Verständnis aber nicht nur den freien Zugang für behinderte Menschen; es sollen auch Programme beinhaltet sein, die Begleitpersonen für alle Pilger einbeziehen, um die »Reise nach innen« zu unterstützen.

**Dr. Manfred Stolpe**
1. Vorsitzender der Initiative »Pilgern bewegt«
Bundesminister a. D. für Verkehr, Bau- und Wohnungswesen
Ministerpräsident a. D. des Landes Brandenburg

# Pilgern bewegt

*Gleich neben dem Hamburger Hafen und doch auf Gottes grüner Wiese erinnert die schöne St. Gertrud an frühere Zeiten: Brautleute pflanzten dort Bäume der Hoffnung.*

»Im Urlaub wandere ich gerne von Ort zu Ort. Beim Pilgern sehe ich die Möglichkeit, diese Leidenschaft noch besser mit einem anderen Bedürfnis – dem geistlichen Auftanken – verbinden zu können.«

**Pfr. Dr. Wolfgang Neuser, Generalsekretär CVJM-Gesamtverband Deutschland**

In allen Kulturen und Religionen gibt es das Phänomen der Pilgerschaft. Menschen machen sich auf den Weg, um auf dem Weg das Wesen ihres Menschseins zu erfahren. Sie erfahren ihr Leben als beständigen Weg, als Wandern und Sich-Wandeln, und als einen Weg auf ein Ziel hin, letztlich auf Gott hin.

Das Urbild solcher Pilgerschaft ist Abraham. Er zieht aus aus seiner Heimat, aus seiner Verwandtschaft und aus seinem Vaterhaus. Diesen dreifachen Auszug haben die frühen Mönche im vierten Jahrhundert als Bild für unser Leben verstanden. Wir müssen ausziehen aus Abhängigkeiten. Wer sich auf den Pilgerweg macht, der befreit sich von allem, was ihn bindet und abhängig macht. Er geht seinen eigenen Weg. Der zweite Auszug bezieht sich auf die Gefühle der Vergangenheit, sowohl auf die positiven Gefühle des Geborgenseins als Kind bei den Eltern als auch auf die Erfahrungen von Verletzungen und Kränkungen. Um mich auf den Weg zu machen, lasse ich das Vergangene los. Ich verzichte darauf, die Verletzungen der Vergangenheit als Vorwand zu missbrauchen, dass ich nicht selbst Verantwortung für mein Leben übernehme. Ich bin ganz im Gehen. Und das Gehen ist ein ständiges Sich-Wandeln. Ich bleibe nicht stehen. Ich muss mich immer von Neuem wandeln. Der dritte Auszug meint den Auszug aus dem Sichtbaren. Bei genauer Betrachtung berühren wir mit jedem Schritt die Erde und heben wieder ab. Wir gehen auf ein Ziel hin. Das Ziel ist aber nicht nur ein sichtbarer Ort, sondern eigentlich etwas Unsichtbares. Letztlich ist es Gott, unsere wahre Heimat. Novalis hat dies in sein berühmtes Wort gefasst: »Wohin denn gehen wir? – Immer nach Hause.«

## Befreiung von Bindungen

Die Israeliten sind jedes Jahr nach Jerusalem gepilgert, um dort im Tempel die großen Feste zu feiern. In Griechenland pilgerte man zu Orakelstätten. Es waren letztlich Heilungsorte. Die Griechen waren der Überzeugung, dass allein das Heilige zu heilen vermag. So wanderte man zu heiligen Orten, um im heiligen Tempel zu schlafen und im Traum von Asklepios, dem Heilgott besucht zu werden. Die Christen haben diese Wallfahrten übernommen. Die heiligen Orte wurden die Gräber der Märtyrer, die durch ihr Leben und Sterben Zeugnis für ihren Glauben abgelegt hatten. An ihren Gräbern erwartete man Heilung. Und man pilgerte ins Heilige Land, um auf den Wegen Jesu zu gehen und sich immer mehr in das Geheimnis seines heilenden und erlösenden Wirkens hineinzumeditieren. Im Mittelalter wurde dann der Pilgerweg nach Santiago de Compostela beliebt, der auch heute wieder unzählige Menschen anzieht. Als die Aufklärungszeit den christlichen Glauben zu einer reinen Vernunftreligion reduzierte, entstanden überall Marienwallfahrtsorte. Die Volksfrömmigkeit setzte ein Signal gegen die reine Vernunft. Sie knüpfte an die Ursehnsucht des Menschen nach Pilgern und Wallfahrten an. Die Marienwallfahrtsorte vermittelten in der kalten Welt der Vernunft etwas von der Wärme des mütterlichen Gottes. Marienkirchen haben immer etwas Mütterliches an sich. Sie gewähren Geborgenheit und Heimat.

Seit jeher gab es ganz bestimmte Pilgerwege, die die Menschen gingen. Ich mache mich auf den Weg, den schon viele andere vor mir gegangen sind. Ich habe teil an ihren Erfahrungen, an ihrer Sehnsucht und an ihrem Glauben, dass es sich lohnt, sich auf den Weg zu machen. Und die Pilgerwege haben ein Ziel. Das Ziel ist ein heiliger Ort, an dem wir Gottes

Nähe in besonderer Weise erfahren dürfen. Natürlich wissen wir, dass Gott überall gegenwärtig ist. Aber dennoch ist es ein Urbedürfnis des Menschen, Gottes Nähe an ganz bestimmten Orten in besonderer Weise zu erfahren. Dort, wo viele Menschen gebetet haben, wo viele ihre Hoffnung auf Heilung und Verwandlung zum Ausdruck gebracht haben, dort spüren wir Gottes Nähe ganz besonders. Und dort haben wir teil an dem Glauben all der Menschen, die dort in den letzten Jahrhunderten gebetet haben.

## Gottes Nähe erfahren

Pilgern kommt von »pelegrinus«, dem Fremden, dem Wanderer. Die Pilger spüren, dass sie in dieser Welt fremd sind, dass ihre eigentliche Heimat bei Gott ist. Wer sich auf den Pilgerweg macht, der befreit sich von alten Selbstbildern, der wandert aus aus dem Bild, das andere ihm übergestülpt haben. Er wandert, um sich mehr und mehr in das ursprüngliche und einmalige Bild hineinzuwandeln, das Gott sich von ihm gemacht hat. Wir pilgern, um unseren eigenen Weg zu gehen. Doch zugleich machen wir uns oft gemeinsam auf die Wallfahrt. Wir gehen zusammen, um im Wandern Gemeinschaft und Halt bei anderen zu erfahren. Wenn andere mit uns gehen, dann fühlen wir uns angespornt, weiterzugehen und nicht stehen zu bleiben auf unserem inneren Weg. Zugleich ist das gemeinsame Pilgern ein Weg, um tiefere Gemeinschaft zu erfahren. Wandern verbindet. Und seit jeher gibt es die Tradition, für einen anderen zu pilgern. Wir machen eine Wallfahrt, um für den kranken Vater oder die depressive Mutter zu beten. Für einen andern zu gehen, das verwandelt meinen Weg. Das macht ihn zu einem heilenden Weg, zu einem Segen nicht nur für mich, sondern auch für andere.

**Pater Dr. Anselm Grün**
Cellerar der Abtei Münsterschwarzach

*Viele Wege werden seit Jahrhunderten begangen – sie zu wählen, heißt, teilzuhaben an den Sehnsüchten der Pilgerbewegung und an dem Glauben, dass es sich lohnt, aufzubrechen.*

# Pilgern heute

*Zeit nehmen für Details: Wer sich auf Wanderschaft begibt, entdeckt die kleinen Freuden des Lebens neu – wie zum Beispiel dies' durstige Vögelchen an einem Brunnen.*

Zeit anders wahrnehmen, Natur neu entdecken, die Sinne schärfen – heute hat Pilgern mehr mit Genuss als mit Sündenablass zu tun. Die Botschaft im 21. Jahrhundert lautet: Die Reise beginnt im Kopf.

Santiago de Compostela ist weit weg, viel zu weit weg! Die Stadt in Nordspanien, der Wallfahrtsort der Jakobspilger, ist von Deutschland rund 2000 Kilometer entfernt – manchmal auch 2500 Kilometer, je nachdem, wo man startet. Welch weiter Weg, welch enormer Zeitaufwand, welch große Anstrengung!
Im Mittelalter, der Hoch-Zeit des europäischen Pilgertums, sah man das anders. Immerhin versprach die Kirche den Ablass aller Sünden und wer sein Ziel erreichte, hatte sein »Konto« ausgeglichen und konnte mit weißer Weste, wenn auch nicht reinen Gewissens, sein Sündenregister wieder auffüllen. Doch diese Form von Pilgerschaft und Katharsis verfängt im 21. Jahrhundert längst nicht mehr; wir sind auf direkte materielle Gegenleistung geeicht. Warum also sollte jemand all die Anstrengungen der Wanderschaft auf sich nehmen, wenn ihm in derselben Zeit die unmittelbare Belohnung durch neue Geschäfte, attraktive Sonderangebote oder einen rundum organisierten Urlaub entgeht?
Hunderttausende Pilger allein in Deutschland, so schätzt die Initiative »Pilgern bewegt«, haben dennoch im vergangenen Jahr diesen Weg eingeschlagen. Weltweit erlebt diese traditionsreiche Bewegung eine Renaissance, zu den prominenten Wanderern zählen der Schriftsteller Paulo Coelho, der Entertainer Hape Kerkeling, die Schauspielerin Shirley MacLaine oder Jenna Bush, Tochter des US-Präsidenten. Auch die Initiative »Pilgern bewegt« zeugt von dieser Aufbruchstimmung und verfolgt einen völlig neuen Ansatz – denn Pilgern beginnt im Kopf.
Wer diese Gedanken nachvollziehen kann, weiß um den Ansatz in diesem Reiseführer. Nicht ein unerreichbares Ziel – die Ankunft im weit entfernten Santiago de Compostela – steht im Mittelpunkt, sondern der Aufbruch zu einer Reise. Pilgern steht für den Mut, ein Wagnis einzugehen, den heimischen Herd zu verlassen und sich auf ein Abenteuer einzulassen.
Wie weit das Wagnis gehen mag, darf ein jeder für sich selbst entscheiden: Es kann eine kurze, ein oder zwei Tage dauernde Strecke sein, wie sie in diesem Buch beschrieben sind. Es können mehrere Etappen sein, die über Wochen oder Monate verteilt aneinandergereiht werden. Es kann aber auch eine andere Art des Urlaubs sein – statt zwei Wochen Strandhotel auf Fuerteventura all inclusive stehen zwei Wochen Aktivurlaub am Bodensee auf dem Programm, ohne zu wissen, was einen erwartet. Pilgern steht für körperliche Bewegung als Ausgleich zum Alltagstrott, für Entdecken und Genießen, Entspannen und Regenerieren.

## Auf ein Abenteuer einlassen

Die Motivation unterwegs zu sein ist frei vom Zwang, die kürzeste Strecke zu wählen, um möglichst schnell anzukommen, frei davon, den Erfolg an den zurückgelegten Kilometern zu messen, frei davon, sich überhaupt ein Ziel zu setzen. Das kann außerordentlich schwer sein.
Die Initiative »Pilgern bewegt« erstellt daher keine festen Regeln: Die Idee der Reise erlaubt alle Formen der Fortbewegung – per pedes wie im Mittelalter, mit dem Rad wie Freizeitsportler oder gar mit dem Auto oder Motorrad. Alten und Versehrten soll durch strenge Grundsätze nicht die Teilnahme verwehrt werden. Es war bereits im Mittelalter erlaubt, das jeweils modernste Verkehrsmittel zu wählen: Allerdings war die Pilgerreise zu Pferd oder in der Kutsche meist nur den Vermögenden möglich – Feudalherren, Ministerialen und Edelleuten. Das gemeine Volk bewältigte den Weg mühsam zu Fuß.

## Pilgern heißt genießen

Heute haben sich die wirtschaftlichen Verhältnisse geändert und es bleibt daher jedem selbst überlassen, wie er eine Strecke zurücklegen möchte, egal ob er fit oder faul, jung oder alt, gläubig oder agnostisch ist.

Modernes Pilgern kann als eine Option gesehen werden, der Hektik und dem Stress des Alltags zu entfliehen. Dadurch wird es Teil einer Idee, die als »Entschleunigung« bekannt ist. Versuche, die Beschleunigung des Lebens aufzuhalten, gibt und gab es seit Beginn der industriellen Revolution. So stellte man bereits im 19. Jahrhundert, vor allem in England, Überlegungen an, die Geschwindigkeit des neuen Verkehrsmittels Eisenbahn auf ein bestimmtes Limit zu reduzieren.

Abgesehen davon, dass neue Technologien immer auch Ängste hervorrufen, zeugen solche Vorstöße von dem menschlichen Bedürfnis, sich den (Lebens-)Rhythmus nicht durch das technisch Machbare vorschreiben zu lassen. Seither wurden jedoch »Beschleuniger« wie Flugzeuge, Hochgeschwindigkeitszüge oder die Kommunikation via Internet erfunden, die jene Vorstöße in England als rührend und naiv erscheinen lassen. Doch was ist »gefühlte« Zeit, wenn die Beschleuniger außer Acht gelassen werden?

Ein wegweisendes und häufig zitiertes Experiment zum Zeitempfinden fand Mitte der 1960er-Jahre im Max-Planck-Institut in Andechs statt: In einem unterirdischen Bunker wurden Testpersonen über mehrere Wochen kaserniert. Sie lebten ohne Uhr, ohne Radio oder Fernseher und ohne Tageslicht. Das Ergebnis: Die Probanden schliefen wie üblich ihre sieben bis acht Stunden und auch die Körpertemperatur schwankte zwischen Tag und Nacht um 0,5 Grad. Allerdings verschoben sich die zeitlichen Rhythmen: Eine Testperson

*Mach mal Pause: Pilgern kann eine Chance sein, der Hektik und dem Stress des Alltags das Prinzip der »Entschleunigung« entgegenzusetzen.*

stand 42 Minuten später auf und ging entsprechend später schlafen. Das überraschende Ergebnis: Erst die geschaffenen sozialen Bedingungen takten den Menschen auf 24 Stunden ein. Die wahre innere Uhr nähert sich 25 Stunden an.
Ebenso überrascht mag 1983 Sten Nadolny über den Erfolg seines zweiten Romans gewesen sein. Nadolnys Protagonist, der Polarforscher John Franklin, agiert schon von Kindesbeinen an überaus langsam und bedächtig. Gerade diese »Langsamkeit«, gepaart mit einer großen Portion Hartnäckigkeit, lässt den Helden seine Ziele erreichen: Franklin unternimmt Expeditionen, um eine Route zu finden, die den Atlantik mit dem Pazifik nördlich von Kanada verbindet. Mehr als die Geschichte selbst wurde der Titel des Buches zum geflügelten Wort – »Die Entdeckung der Langsamkeit«.

Auch die »Slow-Food-Bewegung« steht in diesem Zusammenhang: Sie entstand bereits Mitte der 1980er-Jahre, als an der Spanischen Treppe in Rom ein McDonald's-Restaurant eröffnen wollte. Eine Gruppe um den Gastro-Journalisten Carlo Petrini protestierte gegen diesen Verfall der italienischen Esskultur, blockierte den Zugang zu der Fast-Food-Filiale und bot der Bevölkerung ein Menü mit Produkten aus der Region an. Petrini gründete später den gemeinnützigen Slow-Food-Verein, dessen Ernährungsmaxime »gut, sauber, fair« lautet. Genuss und Qualität stehen im Vordergrund – beide benötigen Zeit.
In den 1990er-Jahren schließlich untersuchte der Autor Fritz Reheis in seinen Büchern »Die Kreativität der Langsamkeit« oder »Entschleunigung – Abschied vom Turbokapitalismus« den Umgang des Menschen mit der Zeit und resümierte, dass das Diktat »Zeit ist Geld« ein falscher und schädlicher Ansatz ist.
Wie das persönliche Zeitempfinden die Lebensqualität beeinflussen kann, wissen erfahrene Pilger nur zu gut: Wer allein das Ziel im Auge hat, mag zwar schnell ankommen, aber wenig Genuss empfinden. Wer sich auf die Begegnungen mit Mensch und Natur, Kultur und Geschichte am Rande des Weges einlässt, wird Zeit anders wahrnehmen – auch wenn er vielleicht länger unterwegs ist.
Zeit neu zu entdecken ist eine der Erfahrungen, die Pilger erwarten. Die Auszeit aus dem Alltag wird aber noch andere Überraschungen bereithalten.
Die Wanderschaft durch Städte und Dörfer, über Wiesen und Feldwege schärft die Sinne. Schon nach wenigen Stunden nimmt das Auge die Farben der Natur differenzierter wahr und die Ohren »erhören«, wie vielen Lebewesen ein Wald Raum bietet. Dann wird Pilgern zu der »Reise nach innen«, die zahlreiche Autoren in ihren Reise-Tagebüchern beschreiben und die Frage, wie der lange Weg bis Santiago de Compostela zu bewältigen ist, wird anders beantwortet; etwa so wie von Beppo, dem Straßenkehrer in Michael Endes allegorischem Roman »Momo«: *»Siehst du, Momo«, sagte er dann zum Beispiel, »es ist so: Manchmal hat man eine sehr lange Straße vor sich. Man denkt, die ist so schrecklich lang; das kann man niemals schaffen, denkt man ... Man darf nie an die ganze Straße auf einmal denken, verstehst du? Man muss nur an den nächsten Schritt denken, an den nächsten Atemzug, an den nächsten Besenstrich. Und immer wieder nur an den nächsten ... Dann macht es Freude; das ist wichtig, dann macht man seine Sache gut ... Auf einmal merkt man, dass man Schritt für Schritt die ganze Straße gemacht hat. Man hat gar nicht gemerkt wie, und man ist nicht außer Puste.« Er nickte vor sich hin und sagte abschließend: »Das ist wichtig.«*
**Axel Nowak**

gepa
Café Orgánico
e 250 g
BIO

gepa
Ceylon Bio Tee
e 250 g

# Pilgerweg 1 – Die Hanseroute

*Lübeck, alte Hansestadt. Kontorhäuser am Holstenhafen zeugen noch vom Reichtum der Handelsherren. Hier schlug das Herz der Stadt zur Hochzeit der Hanse.*

Auf Spurensuche an der Küste – im Mittelalter passierten viele Pilger den Norden Deutschlands. Nicht die Muschel, sondern die Bauten der Backsteingotik weisen uns bei dieser Tour den Weg.

# Die Hanseroute

## Stralsund – Ribnitz-Damgarten – Rostock-Warnemünde – Rostock – Wismar – Grevesmühlen – Lübeck – Bad Oldesloe – Hamburg-Altenwerder – Jork – Buxtehude – Zeven – Bremen (gesamt 356 km)

*Stadtpanorama Hamburg. Das »Tor zur Welt« präsentiert sich hier von der Binnenalster aus gesehen mit Rathausturm und St. Petri links sowie St. Nikolai rechts.*

**European Route of Brick Gothik**

Die EU informiert über die europäische Backsteinkirchenroute im Internet. Alles über die alten Kirchen und viele Stadtinfos entlang der Hanseroute sowie ausführliche Informationen zu den UNESCO Weltkulturerbe-Städten Stralsund, Wismar, Rostock und Bad Doberan. www.eurob.info

Spürt man der Geschichte der Hanseroute (der heutigen Bundesstraße B 105) nach, kann man sich leicht in mittelalterliche Szenarien versetzen. Handelswege in Ostseenähe, einst entstanden durch stetes Befahren von Planwagen und Kutschen, wurden auch bald von Pilgern frequentiert. Sand- und Feldwege, vor den Städten zu Pflasterwegen befestigt, vielleicht schon damals bis über den Horizont hinaus gesäumt mit mannstarken Alleebäumen. Gleich nebenan auf der Ostsee Koggen, randvoll mit Weizenballen, Pelzen und Fässern süßen Weins. In der Nacht Piratenüberfälle, wenn der Wachhabende zu tief in die Flasche geschaut hatte, oft der Ruin für manch aufstrebenden Kaufmannsposten. Wo gut gehandelt wurde, wurden bald stattliche Gotteshäuser, zumeist aus dem für die Region typischen Backstein, errichtet. Sinnsuchende waren schon damals hier unterwegs, aus dem Baltikum und Skandinavien kommend, im Fußgebet auf den Spuren Gottes. Die **Hanse**, eine freie Handelsgemeinschaft, geprägt von einer Zeit, in der der Glauben eine bedeutende Rolle spielte. Zwischen 1356 und 1669 gehörten der Hanse europaweit mehr als 200 Städte an, selbst Kaufleute binnenländischer Städte schlossen sich dem Fernhandelsverbund an. Hauptstadt der »steden von der dudeschen hense« (Hansestädte) war das damalig reiche **Lübeck**, die Silhouette noch heute geprägt von mittelalterlichen Kontorhäusern und vielen Kirchturmspitzen. Hanse, hens, das bedeutet Gefolge – ein Zusammenschluss der Geschäftsleute zum Direkthandel. Zwischenhändler, die den Profit nur verringert hätten, waren ausgeschlossen.

Hoch im Norden der Republik ist vieles von damals auch heute noch allgegenwärtig. Die maritime Handelstangente, heute streckenweise Europastraße Nr. 22, verbindet die alten Traditionen mit der Neuzeit. Sieben Städte sind vom alten Verbund übrig geblieben – **Greifswald, Stralsund, Rostock, Wismar, Lübeck, Hamburg, Bremen.** Die heute motorisierten Fahrzeuge tragen Kennzeichen statt schwerer Last. Die der Hansestädte führen stolz ein »H« vor ihrem Stadtkürzel. Hansestadt Hamburg (HH), Hansestadt Wismar (HWI), Hansestadt Stralsund (HST) und so weiter. Durch die günstige Wasserlage ist der Hafen der Hansestadt **Hamburg**, genannt »das Tor zur Welt«, einer der größten Warenumschlagsplätze Europas. Vom Handel leben allerdings nur noch die wenigsten. Tourismus ist zumindest in den Küstenregionen der Motor, der die Wirtschaft in Schwung bringen soll. Die abwechslungsreichen Landschaften eignen sich dafür hervorragend, der Erholungsfaktor ist immens im weiten, dünn besiedelten Küstenstreifen.

Der dem Meer vorgelagerte Nationalpark Vorpommersche Boddenlandschaft bietet eine einzigartige Artenvielfalt, vor allem Zugvögel machen hier zu Tausenden Station. Mittelalterliche Bauwerke wechseln sich mit prächtigen Villen des wilhelminischen Zeitalters ab, und die Norddeutschen sind viel weniger kühl als es ihnen nachgesagt wird.

Alleen, Chausseen und Wälder, von Gotteshand gesät, doch Kreuze gibt es hier am Wegesrand nur für die, die zu schnell unterwegs waren. Die Spuren der Jakobspilger sind kaum mehr auffindbar im Norden, der Diaspora. Allein die Existenz der Hansestädte ist Indiz für die alten Wege. Doch es lohnt, von hier aus den Weg nach Santiago aufzunehmen, von der eigenen Haustür aus. Oder aber kleinere Wallfahrten zu unternehmen, einfach einen Weg der Besinnung und Selbstfindung zu beginnen.

Eine herzerfrischend freundliche Reise erwartet die Wandernden.

**Stralsund**
45 km
**Ribnitz-Damgarten**
25 km
**Rostock-Warnemünde**
10 km
**Rostock**
50 km
**Wismar**
18 km
**Grevesmühlen**
35 km
**Lübeck**
20 km
**Bad Oldesloe**
45 km
**Hamburg-Altenwerder**
20 km
**Jork**
10 km
**Buxtehude**
38 km
**Zeven**
40 km
**Bremen**

# Radwanderung von Ribnitz-Damgarten nach Heiligendamm

**Ribnitz-Damgarten – Graal-Müritz – Rostock-Warnemünde – Bad Doberan – Heiligendamm**

**Charakteristik:** Radwanderung an der mecklenburgischen Ostseeküste mit Besuch der Hafenstadt Rostock-Warnemünde; Fahrt mit dem Molli nach Heiligendamm; **Ausgangspunkt:** E 22; Marktplatz Ribnitz, Rathaus; **Dauer:** 1–2 Tage; **Länge:** ca. 50 km; **Einkehrmöglichkeiten:** Café »Teepott«, Warnemünde (⇢ S. 21); **Karte:** ⇢ S. 24/25

### Ribnitz-Damgarten ⇢ Graal-Müritz

Auf halber Strecke zwischen den Hansestädten Stralsund und Rostock, an der B 105, liegt Ribnitz-Damgarten, die zweigeteilte Stadt zwischen Ribnitzer See und Recknitztal. Ribnitz, der Fischerort, war immer mecklenburgisch, Damgarten pommersch. Das wuchtige Rostocker Tor (13./15.Jh.) an der Hauptstraße, Zeugnis der wichtigen mittelalterlichen Handelsroute und früherer Grenzposten, gibt den Weg frei zum Rathausmarkt mit der evangelischen Stadtkirche St. Marien (15. Jh.): äußerlich eine dreischiffige Backsteinriesin mit Mansardendach, im Inneren zweckmäßig in zwei Stockwerke aufgeteilt, die Galerie bietet reichlich Platz für Ausstellungen zeitgenössischer Kunst. Etwas südöstlich, umgeben von einem schönen, nach Kirschblüten duftenden Park mit plätscherndem Bach, das ehemalige Klarissenkloster. Heinrich »der Löwe« stiftete Mitte des 14. Jh. das spätere Damenstift (1600–1920) im gotischen Stil. Das dem Bettelorden gemäß schlicht gehaltene Kloster beherbergt die »Ribnitzer Madonnen« – Schnitzkunst des Mittelalters. In den historischen Gebäuden des Klosterhofs sind heute Standesamt, Stadtarchiv und Klostergalerie untergebracht; das »Dominahaus« der Klarissen beherbergt das Bernsteinmuseum. Das Kloster kann besichtigt werden, Führungen nach Vereinbarung: Tel. 0 38 21/46 22.

Die von uns empfohlene Radwanderung verläuft streckenweise auf dem Europäischen Fernwanderweg E9 in westlicher Richtung. Orientierungshilfe ist die Beschilderung mit blauem Balken auf weißem Grund. Ausgangspunkt der Tour ist der Infopunkt am Ribnitzer Marktplatz. Von dort geht's zunächst bergab Richtung Bodden, zum Hafen. Der »Bodden Radwanderweg« leitet links aus der Stadt, an Gänsewiese und Boddentherme vorbei. Nach Kleingärten und Wanderparkplatz führt der Radweg immer dicht am Ufer vorbei, dann am Körkwitzer Bach entlang, der dort durch die Auen mäandert. Kurz

**Deutsches Bernsteinmuseum**

Das versteinerte Harz lässt sich am mecklenburgischen Küstenstreifen häufig finden, schon die Slawen und Wikinger handelten mit dem Gold der Ostsee. Das erst kürzlich im Dominahaus des Klarissenklosters eröffnete Museum beherbergt die größte deutsche Ausstellung mit über 1500 Exponaten auf 1000 qm.
**18311 Ribnitz-Damgarten, Im Kloster 1–2; www.deutsches-bernsteinmuseum.de; täglich 9.30–18 Uhr; Eintritt ca. 6 €; Gruppen ab 10 P. ca. 3 €**

geht's aufwärts zur Bäderstraße, nach der Bachquerung aber gleich wieder Richtung Bodden. Dort führt der Radweg noch einmal zwischen Siedlung Körkwitz und Ufer, nähe Klärbecken, entlang. Je nach Windrichtung radelt's sich manchmal angenehmer direkt an der Bäderstraße, der L21, die durch einen dichten Wald führt. Etwa 4,5 km westlich Ribnitz gabelt sich die Straße, unsere Route führt nach Neuhaus, das Naturschutzgebiet Neues Moor wird linkerhand gelassen. Unsere Route zweigt links in die Birkenallee ab. In Neuhaus, dem letzten ostseeseitigen Ort vor der Halbinsel Fischland, ist das erfrischende Meer in Sicht, sogar ein schattiger Dünenwald. Ab hier verläuft der Ostseeküsten-Radweg zwischen weißem Strand und Großen Moor, gen Westen nach Graal-Müritz (5 km). Wer lieber durch den Wald als am Strand fährt, nutzt den Weg südlich des Großen Moores. Dieser zweigt in Neuhaus an der Einmündung der Birkenallee scharf links ab, auf direktem Weg geht's über Klein Müritz direkt nach Graal-Müritz.

### Graal-Müritz ⇢ Warnemünde

Im bekannten Ostseeheilbad, dessen Rhododendronpark sich für eine kleine Atempause anbietet, trifft man dann erneut auf die Hanseroute, hier L 22. Wander- und Radwege verbinden sich nach dem Ortsausgang wieder. Ab Torfbrücke (Wiedorfschneise links) verlaufen beide durchs Naturschutzgebiet Rostocker Heide für etwa 5 km parallel Richtung Hinrichshagen nach Markgrafenheide, teils auf Asphalt- und Schotterpisten. Die Radwege sind ausgeschildert. Dann rollt man auf weichem Asphalt geradewegs auf Rostock-Warnemünde zu. Der Seekanal muss überquert werden, das geschieht am Anleger Hohe Düne per Fährpassage mit der Weißen Flotte (ca. 2 € pro Person mit Fahrrad; Pendelverkehr). Die Überfahrt dauert nur wenige Minuten, der Weg führt dann an der pittoresken Promenade des Alten Stroms entlang Richtung Mündung mit Leuchtfeuer. Die Besatzungen einiger Kutter, die hier am Poller liegen, bieten Bernsteinschmuck an, andere einstündige Bootstörns. Aber auch Sportboote liegen hier. Ein kleiner Bummel durch das alte Fischerviertel lohnt sich. In der Alexandrinenstraße 30–31 befindet sich das Heimatmuseum, in dem man viel über die Geschichte des alten Hansehafens der Rostocker erfahren kann (Di–So 10–18 h).

Am Eingang zum weitläufigen Warnemünder Strand thront der »Teepott«, traditionsreiches Café und gleichzeitig architektonisches Highlight aus Zeiten des Sozialismus, gleich neben dem Wahrzeichen des Badeortes, dem 31 m hohen Leuchtturm von 1898. Im Eingang kassiert der urige Leuchtturmwärter und schätzt scherzend ab, ob denn die Stufen vom Besucher bewältigt werden können. Sie können, und so viele sind

#### VCH-Hotel Elbotel

Modernes Dreisterne-Superior-Haus mit angenehmen Ambiente, Wellnessbereich und Familienzimmer. Restaurant im Haus. Vor der Tür: die Faszination der Ostseeküste und die weltoffene Gastlichkeit der Hansestadt Rostock mit dem berühmten Ostseebad Warnemünde.
**18069 Rostock, Fritz-Triddelfitz-Weg 2; Tel. 0381/8088-0, Fax -708; www.elbotel.de; 90 Zimmer, 9 Suiten ●●/●●● CREDIT**

#### Pension Heideperle

In der zweiten Reihe ist es ruhiger! Gemütliche Pension, idyllisch im Wald und trotzdem strandnah gelegen, in einer naturbelassenen, kinderfreundlichen und parkähnlichen Anlage. Restaurant mit abwechslungsreichen regionalen Gerichten. Ruhige Zimmer, teilweise mit Terrasse.
**18146 Rostock-Markgrafenheide, Waldweg 5; Tel. 0381/20640, Fax -64; www.heideperle.de; 15 Zimmer, 10 FeWo ●●/●●●**

es auch nicht. Unterwegs liest man einhundert Jahre alte Liebesversprechen, gekritzelt mit Bleistift auf die gelben Backsteine. Hoch oben wird die Muskelmühe mit einem herrlichen 360°-Blick über Zurückliegendes und Kommendes belohnt. (Eintritt ca. 2 €; tägl. 10–19 h)

**Hotel Nienhäger Strand**
Das ruhige, familiengeführte Haus liegt an der Steilküste zwischen Warnemünde und Heiligendamm direkt am Europa-Rad- und Wanderweg. Gute, einheimische Küche. Kleine Zimmer zu fairen Preisen.
**18211 Ostseebad Nienhagen, Am Meer 1; Tel. 03 82 03/8 11 88; Fax 8 11 77; 26 Zimmer ●●/●●●**

### Warnemünde ⇢ Bad Doberan

Die nächsten Kilometer geht's direkt an der herrlich weißen Ostseeküste »längs«, wie der Norddeutsche sagt. In Stoltera an der Steilküste, einige Meter über dem Meer, kann man sich einfach treiben lassen, auf und ab durch dichten Wald, immer den blauen Horizont durch die Baumstämme im Augenwinkel. Das Ostseebad Nienhagen ist an sich schon durch die Lage am Meer attraktiv, der »Gespensterwald« gibt dem Ganzen noch eine mystische Aura. Knorrig-glatte Buchenstämme, dicht an dicht, auf einer Länge von 1300 m und 100 m breit wie von Geisterhand gesät. Ohne dass es vieler Fantasie benötigte, kann man die mimikreichen Holzgesichter sich »unterhalten sehen«. Wer ein Faible fürs Gruselige hat, sucht diesen Ort im frühen Sonnenlicht oder zur Dämmerung auf.

Ab Nienhagen empfiehlt es sich wegen der hier unpassierbaren Steilküste für ein kurzes Stück auf die Landstraße auszuweichen. Über Börgerende-Rethwisch, Neu Rethwisch und Rabenhorst führt ein guter Radweg direkt nach Bad Doberan. Der Ort hat schon für den normalen Touristen viel zu bieten, für den Pilgernden jedoch ist Bad Doberan ein Wallfahrtsziel. Das der (katholischen) Kirchenprovinz Hamburg angehörende Marienmünster begeht mit dem Dekanat Rostock regelmäßig an einem Sonntag im Juni bzw. Juli seinen Wallfahrtstag.

*Die weiße Perlenkette am goldenen Ostseestrand – vor den alten Villen sind in Heiligendamm auch die Strandkörbe in Reih und Glied zurechtgezogen.*

Das zum ehemaligen Zisterzienserkloster gehörende, gewaltige Münster war im Mittelalter der wichtigste Glaubensort Mecklenburgs, die Bedeutung des kulturellen Mittelpunktes wurde jedoch mit der Reformation anno 1552 aufgehoben. Obwohl das Münster der evangelischen Kirche gehört, wurde es von in der Diaspora lebenden Katholiken für Gottesdienste genutzt. Kurz nach dem Ersten Weltkrieg kamen Jugendliche aus dem ganzen Land nach Bad Doberan, um im Münster ihre erste große Wallfahrt nach der Reformation abzuhalten. Informationen über Wallfahrten zu Ehren der Zisterzienser: Katholisches Pfarramt Rostock; Thomas-Morus-Straße 4; Tel. 0381/716010; E-Mail: st.thomas.morus@t-online.de

Im Münster, Grabesstätte Heinrichs des Löwen, werden regelmäßig Orgelkonzerte veranstaltet und es treten die bekannten Motettenchöre auf. Dann schallt es aus dem so unfassbar großen Backsteinbau, wie es schöner nicht geht, und in den umliegenden Parkanlagen mit Teich und Bach herrscht eine angenehm besinnliche Atmosphäre. Um die Klosteranlage herum rauschen dichte Nadelwälder, das große weiße Holzkreuz auf dem Baumwall vis-à-vis ermahnt alle Besucher zur Besinnung, und so mancher lässt sich zum kurzen Verweilen animieren.

Einige Meter weiter: Der Molli, dampfende Schmalspur-Bäderbahn, schiebt sich planmäßig und doch recht überraschend mitten durchs Wohngebiet der Kleinstadt Bad Doberan, die Schienen ins Kopfsteinpflaster eingelassen, vorbei an parkenden Golfs, Astras und ein paar verbliebenen Trabbis, zum Bahnhof. »Alles aussteigen, bitte!« – »Bitte zusteigen!« Alle Stunde geht es planmäßig an die Küste, Fahrradmitnahme möglich. Wenn der Zug dann schnaufend seine Fahrt wieder aufnimmt, vorbei an klassizistischen Wohnvillen, die nach dem real existierenden Sozialismus gar nicht mehr so prunkvoll wirken wie einst, den Salonwagen vornehm mit Tischdeckchen dekoriert, dann kann man sich gut vorstellen, wie einst eine feine Dame mit ihrem Mopshund »Molli« an Bord stieg. Das Tier sträubte sich beharrlich, daher blieb der Name im Gedächtnis und wurde zum Markenzeichen der Bahn.

### Bad Doberan ···> Heiligendamm

Nach Passieren der weiteren Haltestellen »Stadtmitte« und »Goethestraße« dampft die mattschwarze Lokomotive mit ihren gelbroten Waggons in Richtung Heiligendamm. Eine Route der Superlative: Dorthin führt Deutschlands längste Lindenallee – die nicht enden wollende Chaussee lässt Deutschlands erste Galopprennbahn (1822) links liegen und geradeaus, nach Querung der Schmalspurschienen, geht es direkt zu Deutschlands erstem Seebad (gegründet 1793), Heiligendamm. Die Strecke zur »Weißen Stadt am Meer« ist wunderbar mit

**Meer-Kultur in Bad Doberan**

Für Kulturinteressierte gibt es im Stadt- und Bädermuseum wechselnde Ausstellungen. Das Museum ist nahe der Klosterkirche in einer Villa von 1888 untergebracht.
**18209 Bad Doberan, Beethovenstr. 8; Tel. 038203/62026; www.stadtmuseum-moeckelhaus.de; 15. Mai–15. Sept. Mo–Fr 10–12, 13–17, Sa, So 12–17 Uhr, 16. Sept.–14. Mai Di–Fr 10–12, 13–16, Sa 12–16 Uhr; Eintritt 2,50 €**

**Mehr Infos zur Geschichte des Molli und Fahrpläne unter Mecklenburgische Bäderbahn Molli, Tel. 038203/4150, Fax 41512; www.molli-bahn.de**

**Konzerte**

Zwischen Mai und September bietet das Doberaner Münster jeden Freitagabend um 19.30 Uhr in der Reihe »Münster, Molli & Musik« ein abwechslungsreiches Konzertprogramm an. Vorher, um 18.30 Uhr, gibt es eine kostenlose Führung durch die Klosteranlage und das Münster.
**18209 Bad Doberan, Klosterstr. 2; Tel. 038203/62716; www.doberanermuenster.de**

dem Fahrrad oder auch zu Fuß zu bewältigen – denn entlang der Allee erstreckt sich ein sehr gut ausgebauter Fahrradweg, später sind Wanderwege durch den Wald bis nach Heiligendamm ausgeschildert. Kurz vor Einfahrt der Bäderbahn zur Haltestelle »Heiligendamm« weist ein kleines Holzschild »Waldkirche« nach rechts in den Wald. Die katholische Herz-Jesu-Kapelle wurde 1888 vom Schweriner Baumeister Möckel errichtet – ein zierlicher Backsteinbau inmitten des dichten Mischwalds. Daneben ein großer Gedenkstein mit Inschrift »Deo gratias! Dem Kammerherrn von Suckow zur Weihe – August 1888«. Nur fünf Jahre später veranlasste ein hier aufgewachsener Großherzog den Bau der evangelisch-lutherischen Kirche an der Südseite des Heiligendammer

Waldes. Die beiden kleinen Waldkirchen wurden einst errichtet, um den Heiligendammer Bürgern und Kurgästen den weiten Weg nach Bad Doberan zu ersparen.

Heiligendamm rühmt sich seit wenigen Jahren, das nobelste deutsche Seebad zu sein, wenn auch nur aus einigen wenigen, dafür umso üppiger ausfallenden Gebäudekomplexen bestehend – die Hotelkette Kempinski führt hier ihr bestes Haus. Die an der östlichen Promenade liegenden, sieben noch unrenovierten wilhelminischen Villen sollen, so die Planung, bald angeschlossen werden.

*Der nordöstliche Mecklenburger Küstenrand eignet sich hervorragend für eine ausgedehnte Radwanderung. Ein frischer Wind, der häufig weht, schiebt das Gefährt auf gut planierten Wegen über 50 km in geschichtsträchtige Orte.*

# Autotour durchs Alte Land

**Hamburg-Altenwerder – Neuenfelde – Borstel – Jork – Buxtehude – Apensen – Burg Dannsee – Heeslingen – Zeven**

*Backsteingotik in Vollendung: St. Petri in Buxtehude.*

**Charakteristik:** Autofahrt mit Weitsicht und Apfelduft durch die flache Obstmarschenlandschaft in Niedersachsen. **Anfahrt/Ausgangspunkt:** Autobahn 7, Abfahrt Waltershof; St. Gertrud Kirche, Hamburg-Altenwerder; **Dauer:** 1–2 Tage; **Länge:** 75 km; **Einkehrmöglichkeiten:** Die Mühle Jork (→ S. 27); **Karte:** → S. 29

### Hamburg-Altenwerder → Jork

Gleich neben der Autobahn, knapp südlich des Hamburger Elbtunnels und der den Hafen überspannenden Köhlbrandbrücke, ragt linker Hand stolz ein schlanker Kirchturm aus einem Meer von Containerkränen des Hamburger Hafens in die Höhe. Die Autobahnabfahrt A7/Waltershof Richtung Altenwerder-Ost führt dorthin. Die Kirche St. Gertrud (13. Jh.) und der ihr zu Fuße liegende idyllische Friedhof sind die stolzen Überbleibsel eines vor gut 30 Jahren beschlossenen Hafenerweiterungsplans. Inmitten des weltweit modernsten Containerterminals hält Küsterin Elisabeth Schwartau noch immer zweimal wöchentlich Gottesdienst für ihre Gemeinde ab. Nebenbei organisiert sie regelmäßig »Baumblütenkonzerte« in der schönen Oase, die einst ein Fischerdorf mit 2500 Einwohnern war. Ode an die Hoffnung: Jedes in der Kirche getraute Ehepaar pflanzt ein Bäumchen neben der Kirche. (Altenwerder Kirchdorfweg; Tel. 040/7960208)

Weiter geht's über die zunächst breit ausgebaute Finkenwerder Straße und mit der Hamburger Innenstadt im rechten Augenwinkel durchs Süderelbegebiet ins Alte Land, Europas größtem zusammenhängenden Obstanbaugebiet. Das Alte Land, im Frühjahr die reinste Blütenpracht, ab Sommer paradiesisches Ernteland – das zu weiten Teilen unter dem Meeresspiegel liegende flache Marschland ist umrahmt von Deichen.

Vom Aue-Hauptdeich biegt man links in den Osterfelddeich ein. Bestenfalls umgeht man so mit dem Auto das historische, aber auch durch Lastkraftverkehr gebeutelte Finkenwerder. Links, über den Finkenwerder Süderdeich in Richtung Naturschutzgebiet Westerweiden fahren, dann den Finkenwerder Westerdeich am Ende bergauf zum Neß-Hauptdeich. Zunächst begegnet man hier noch europäischem Hightech; das Airbus-Werksgelände mit Start- und Landebahn ist gleich auf der anderen Straßenseite ansässig.

Nur 3 km weiter westlich, ab Neuenfelde, beginnt das Obstmarschenland mit ersten Gehöften – ein Stell-

**VCH-Hotel Baseler Hof**

Urgemütlich und sehr zentral, zwischen Alster und Planten un Blomen liegt das traditionsreiche Haus der Superiorklasse. Special: Veranstaltungen rund ums Thema Wein. Seniorenfreundlich. **20354 Hamburg, Esplanade 11; Tel. 040/359060, www.baselerhof.de; 171 Zimmer ●●●●** CREDIT

dichein historischer Backstein- und Fachwerkbaukunst, kombiniert mit typisch norddeutschen Reetdächern. Das fruchtbare Land an der Waterkant ist gleichfalls Weideland für tausende Schafe, die sich am mit Butterblumen gespickten Gras satt fressen können.

Eine Rast mit Spaziergang auf dem Deich bietet sich beim Este-Sperrwerk direkt am Elbfahrwasser an. Gegenüber liegt Hamburgs nobelste Erhebung, der Blankeneser Süllberg mit entzückenden weißen Häuschen und sich nach oben windenden engen Gässchen.

Der Deich wird jetzt zum »Hinterbrack«, was so viel heißt wie zurückliegendes Uferland. Hier befinden sich die Obstfelder nun auch beidseitig der Deichstraße.

Man könnte noch kilometerweit an der Elbe entlangfahren, doch bei der Windmühle führt unsere Route nach links, Richtung Jork. Auf dem Weg dorthin lohnt ein Halt in Borstel: hier liegt der »Wehrl'sche Hof« – der einzig insgesamt erhaltene Herrensitz des Alten Landes, erbaut im 17. Jh., schon äußerlich üppig mit Schnitzkunst und Bauernmalerei versehen. Gleich nebenan, am verträumten Ufer eines Elbkanals, lädt die hübsche ev. St.-Nikolai-Kirche mit einem gemütlichen Bänkchen zum Rasten ein. Weiter ins schöne Jork, das »Herz des Alten Landes«. Sein Fachwerkrathaus und die zuerst 1221 erwähnte Kirche mit Arp-Schnitger-Orgel sollte man gesehen haben. Und natürlich die umliegenden duftenden Obstfelder, durchzogen von vielen hübsch eingewachsenen Kanälen. Vom »Hotel Altes Land« aus kann man eine Landpartie unternehmen: eine Kutschfahrt mit Obsthofbesichtigung und Museumsbesuch in Estebrügge. Und zwischendurch herzhaft in eine der regionalen saftigen Apfelsorten beißen – Jonagold, Cox und Boskoop.

### Jork ···> Wasserburg Dannsee

Nun geht's östlich, den Osterjork (Obstmarschenweg) entlang ins märchenhafte Königsreich, dort südlich, also rechts in die Buxtehuder Straße, bis nach Buxtehude sind's nur knapp 5 km.

Ein weiterer Höhepunkt unserer Route ist die historische Altstadt von Buxtehude. Nach Otfried Preußler trieb hier der Räuber Hotzenplotz sein Unwesen; im Wettrennen von »Hase und Igel« ertönte in der »Märchenstadt« der trickreiche Ruf »ick bün all hier«. In der realen Geschichte wurde schon im 13 Jh. kostbares Salz auf dem Binnenwasserweg transportiert. Künstlich angelegte, von den Gezeiten abhängig bewässerte Fleete wurden mit flachen Lastschiffen (»Ewern«) befahren. Noch immer ist die Innenstadt der ehemaligen Hansestadt Buxtehude geprägt von diesen engen Kanälen, gemütliche Pflastergässchen laden zum Schlendern ein. Die dreischiffige Backsteinbasilika St. Petri (13. Jh.; 75 m hoch) weist schon von weither den Weg nach Buxtehude,

### Die Mühle Jork

Nicht nur Leuchttürme geben den Schiffen auf der Elbe Orientierung – auch die Jorker Windmühle ragt 10 m in die Höhe, die weißen Flügel nochmals 6 m in alle Richtungen. Der 1856 errichtete Backsteinbau ist heutzutage ein liebevoll geführtes Restaurant. Eckhard Burfeindt bietet auf mehreren Ebenen deftige und feine Spezialitäten sowie erlesene Weine aus aller Welt.
**21635 Jork, Am Elbdeich 1; Tel. 0 41 62/63 95; www.diemuehlejork.de; Mi–Mo 12–22 Uhr**
●●●

### Hotel Altes Land

Im typischen Altländer Fachwerkhaus, seit 150 Jahren im Familienbesitz, wird auf frischen Service und moderne Hotellerie Wert gelegt. Einfallsreiche Küche im Restaurant »Ollanner Buurhuus«; Fahrradvermietung im Haus.
**21635 Jork, Schützenhofstraße 16; Tel. 0 41 62/91 46-0; www.hotel-altes-land.de; 30 Zimmer** ●●●
CREDIT

**Schützenhof Ahlerstedt**

Gemütlicher Landgasthof in ruhiger Umgebung, auf halber Strecke zwischen Buxtehude und Zeven. Regionale bzw. mexikanisch-texanische Küche, Sonnenterrasse.
**21702 Ahlerstedt, Stader Straße 2; Tel. 04166/8420-0; www.schuetzenhof-ahlerstedt.de; Bett & Bike; 9 Zimmer ●●**
CREDIT

**Blütenbarometer**

Wer etwas mehr Zeit einplant und eine Fahrradtour durchs Alte Land unternimmt, wird die sinnliche Blütenlandschaft noch intensiver erleben. Unter www.tourismus-altesland.de sind zahlreiche Tourenempfehlungen aufgeführt; unter www.bluetenbarometer.de lässt sich jederzeit der Reifestand der duftenden Bäume ablesen.

**Schwedens Hochadel zu Gast in Zeven**

In der pittoresken Altstadt Zevens erinnert das Christinenhaus an die »Schwedenzeit«. Im früheren Gästehaus des Klosters werden Ausstellungen regionaler Künstler präsentiert.
**37404 Zeven, Königin-Christine-Haus, Lindenstr. 11; Tel. 04281/7971, Do und So 14.30–17.30 Uhr**

*75-km-Tagestour im Auto durch Niedersachsen* ⇢

deren heutige Partnerstadt Ribnitz-Damgarten (⇢ S. 20) ist. Um 1200 wurde hier ein bedeutendes Benediktiner-Nonnenkloster, in dessen Schreibstube schon vor Luther eine Übersetzung der Evangelien angefertigt worden sein soll, gegründet. Die rekonstruierten Grundmauern können im Stadtteil Altkloster besichtigt werden.

Zum nächsten Routenpunkt Apensen führt die L127, eine ruhige, von Wiesen umgebene Landstraße. An der Gabelung bei der Apenser Kirche hält man sich links in Richtung Beckdorf, um zur erst 2003 entdeckten Burg Dannsee zu gelangen. In Beckdorf, gegenüber dem Haus »Jägersruh«, weist ein Schild nach rechts. Der Straße in Richtung Wiegersen folgt man einschließlich Bahn-Unterführung für ca. 3 km, an weitläufigen Feldern und Wiesen vorbei auf der asphaltierten Straße bis zum Hinweisschild der Burg.

Unter schattigen Bäumen kann man gut parken, um ca. 200 m querfeldein zur anschaulich beschriebenen Rekonstruktion der Wasserburg Dannsee zu kommen. Unter einer schönen alten Eiche ist ein kleiner Rastplatz eingerichtet – Pause! Für Radler: Im umliegenden Land ist innerhalb des Radfernwegs Hamburg-Bremen ein »historisch archäologischer Radwanderweg« ausgeschildert.

### Wasserburg Dannsee ⇢ Wallfahrtsort Zeven

Über Wiegersen geht's nun auf Nebenstraßen ca. 5 km in westlicher Richtung (durchs Ahrensmoor) bis zur L127, dort links. Nun immer geradeaus, ab Wangersen (L124) wird die Straße wieder bevölkerter. In Heeslingen lohnt eine Besichtigung der Feldsteinkirche. St. Viti wurde 961 als Vorgängerin der Zevener Klosterkirche errichtet – womit sie die älteste Kirche zwischen Elbe und Weser ist. Interessierte Besucher können im Pfarramt den Kirchenschlüssel bekommen: Kirchstraße 16; Tel. 04281/959634.

Nur 5 km weiter, am alten Handelsweg zwischen Hamburg und Bremen, liegt der Wallfahrtsort Zeven. Um die bis heute gut erhaltene Klosteranlage mit Reliquien des heiligen Vitus bildete sich seit 1141 der Ort Zeven. Rund 550 Jahre blühte der Klosteralltag, nach dem 30-jährigen Krieg jedoch und unter der Herrschaft der schwedischen Königin Christine drohte der Abriss der Kirche St. Viti. Heute besteht die Anlage unter dem 40 m hohen Feldsteinturm aus einem Flügel, der das Museum beherbergt, und dem Kreuzgang, heute ein immergrüner Laubengang voller Ruhe. Besonderheit ist sicher der historische Vorratskeller, ein Kreuzgratgewölbe aus Findlingen. Der umgebende Stadtpark mit der plätschernden Aue ist eine Oase der Besinnung. (Besucher der St.-Viti-Kirche erhalten den Schlüssel im Kirchenbüro, Bäckerstraße 3; Tel. 04281/2239.)

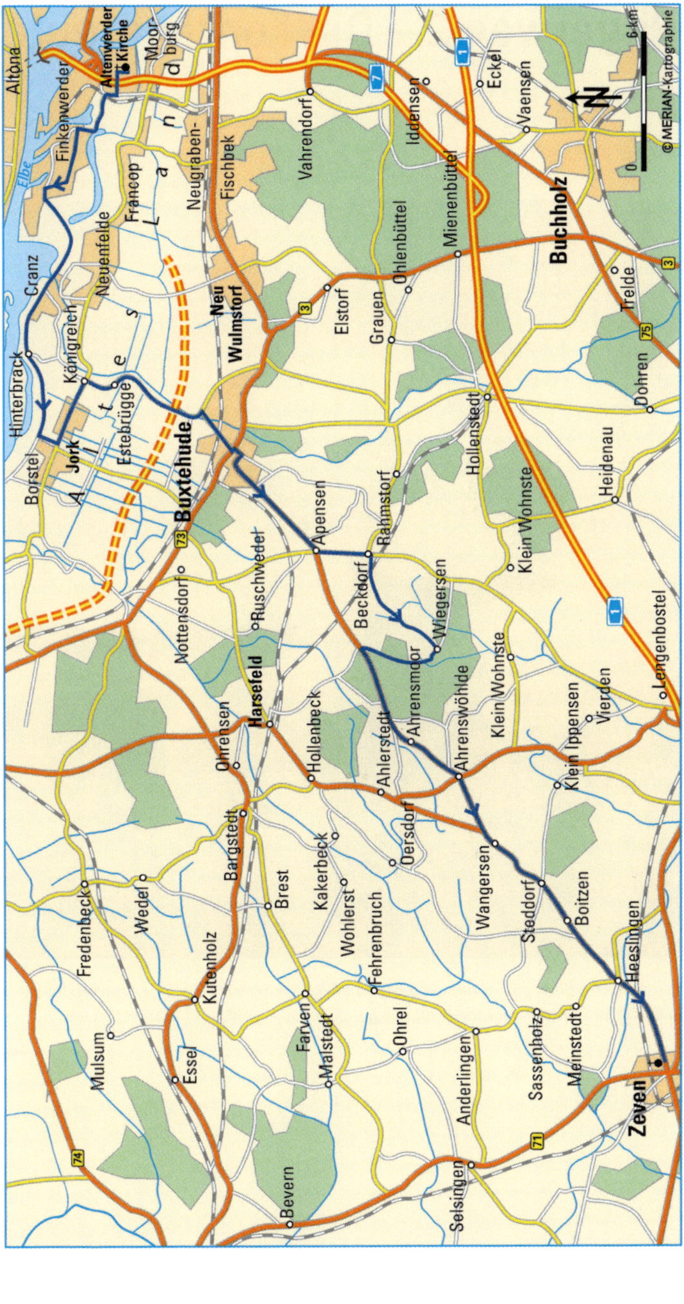
Altona
Elbe
Finkenwerder
Altenwerder
Kirche
Moorburg
Neugraben-
Fischbek
Francop
Neuenfelde
Cranz
Hinterbrack
Königreich
Estebrügge
Borstel
Jork
Altes Land
Buxtehude
Neu Wulmstorf
Vahrendorf
Iddensen
Eckel
Vaensen
Elstorf
Grauen
Ohlenbüttel
Mienenbüttel
Buchholz
Trelde
Dohren
Heidenau
Hollenstedt
Klein Wohnste
Rahmstorf
Apensen
Beckdorf
Wiegersen
Ruschwedel
Nottensdorf
Harsefeld
Ohrensen
Hollenbeck
Ahrensmoor
Ahlerstedt
Ahrenswöhlde
Klein Ippensen
Vierden
Lengenbostel
Bargstedt
Kakerbeck
Oersdorf
Wangersen
Steddorf
Boitzen
Heeslingen
Brest
Wohlerst
Fehrenbruch
Wedel
Fredenbeck
Kutenholz
Mulsum
Essel
Farven
Malstedt
Ohrel
Anderlingen
Sassenholz
Meinstedt
Zeven
Selsingen
Bevern
0
6 km
© MERIAN-Kartographie
1
3
7
71
73
74
75

# Pilgerweg 2 – Die Fontaneroute

*Die schönste Sicht aufs weite Land haben in der Schorfheide die Jäger. Und vielleicht schwärmte Theodor Fontane einst von genau diesem gold-grün-blauen Flecken.*

Brandenburg war Fontanes liebstes Reiseland. Er hatte Recht – nirgends sonst ist die Natur so wild und schön wie in der Mark. Wald, Wiesen und Wasser laden zu einer unvergesslichen Tour ein.

# Die Fontaneroute

## Chorin – Eberswalde – Biesenthal – Bernau – Berlin – Königs Wusterhausen – Groß Köris – Lübben – Lübbenau – Senftenberg – Königsbrück – Dresden (gesamt 286 km)

*Gemütliche Stunde in illustrer Runde im Spreewald, dem »Venedig des Nordens«. Während der Kahnschiffer sein »Rudel« ins Wasser sticht, lässt es sich herrlich entspannen.*

»Ich bin durch die Mark gezogen und habe sie reicher gefunden als ich zu hoffen gewagt hatte«. **Wanderungen durch die Mark Brandenburg, vollständige, kommentierte Ausgabe in 3 Bänden; Theodor Fontane; H. Nürnberger (Hg.); 3312 S.; Dtv; Mai 2006; ISBN: 3423590777**

Wandeln auf Fontanes Spuren – die Route durch die **Mark Brandenburg** ist zugleich Poesie und Natur pur! Der Neuruppiner Schriftsteller **Theodor Fontane** (1819–1898) und sein größtes Werk »Wanderungen durch die Mark Brandenburg« inspirieren, auf eigenen Füßen über sanfte Hügel und an zahllosen Seen entlang gen Süden zu pilgern – durch jahrhundertealte Kulturen üppig bewaldeter, einsamer Landschaften zu schwelgen. Bedeutende Wege führen durch das dünn besiedelte, östlichste deutsche Bundesland: Obwohl von einer **Jakobsmuschel** am Wegesrand weder alte noch neue Spuren zu finden sind, kann man davon ausgehen, dass die heutigen Bundesstraßen niedriger Nummerierung (z. B. in Brandenburg die »B 2«) streckenweise mit den Jakobswegen des Mittelalters identisch sind. Historisch belegt ist zumindest die Routenführung von **Danzig/ Stettin** über **Berlin** und **Leipzig** nach **Franken** und von dort in Richtung Südwesteuropa – zum Grabmal des Apostels Jakob in **Santiago de Compostela**.

Die von uns empfohlene Fontaneroute beginnt also inmitten einer Landschaft, die zu spirituellen Höhenflügen einlädt – im **Biosphärenreservat Schorfheide-Chorin**. Der Weg vom ehemaligen Zisterzienserkloster Chorin bis ins mittelalterliche Städtchen **Bernau** bei Berlin ist detailliert beschrieben (→ S. 36) und eignet sich sowohl für eine Fußwanderung als auch für eine Fahrradtour.

Auch **Berlin** ist für den Pilgernden eine Reise wert. Von Bernau ist die »Neue Mitte« bequem in 45 Min. mit der Berliner Stadtbahn zu erreichen, Fahrradmitnahme ist möglich. Neben den bekannten Sehenswürdigkeiten, die den Rahmen dieses Reiseführers sprengen würden, empfehlen wir hier einige für Pilger interessante Orte und Veranstaltungen:

Die **Maria-Frieden-Wallfahrt** findet jeweils am ersten Donnerstag im Monat statt. Vor allem Berliner Katholiken pilgern dann nach Maria Frieden in Berlin-Mariendorf. Info: Tel. 030/7065528.

Die **Marienwallfahrt** nach **Maria Meeresstern** wird von den Kolpingfamilien getragen. Seit 1942 wird sie am Sonntag nach Mariä Himmelfahrt durchgeführt. Frühmorgens wandern die Gläubigen von der Potsdamer St. Joseph-Kapelle los, an der Havel entlang nach Maria Meeresstern in Werder. Kontakt: St. Peter & Paul, Potsdam, 0331/230799-0. Am Samstag vor dem vierten Fastensonntag (Frühjahr) findet der traditionelle Bußgang der Berliner Katholiken durch **Kreuzberg** statt, immer unter einem anderen Motto. Um 16.30 Uhr geht es in St. Elisabeth (Kolonnenstr. 38/39) los, dann ziehen die Gläubigen über St. Bonifatius (Yorckstraße) zur St.-Johannes-Basilika. Dort wird ein Abendgottesdienst gehalten.

Nach der sirrenden Großstadt wird's ab **Königs Wusterhausen** allmählich sehr beschaulich. Etwa 30 km südöstlich Berlins lädt das flache, hügelige Dahme-Seenland zum Wandern ein. Auch dorthin trieb es einst **Theodor Fontane** – als Pilger auf romantischen Spuren. Daran erinnert der »Fontaneweg«, der an Ackersäumen teilweise unauffällig ausgeschildert ist.

Das hier herrschende Kontinentalklima ist schon fast Garant für gute Sicht und dramatische Wolkenformationen. Am ehesten überblickt man das vom Funkerberg, von dem am 22.12.1920 die erste Rundfunksendung Deutschlands in den Äther geschickt wurde. Weiter unten, im Ort, sollte man keinesfalls das Schloss auslassen. Es ist schließlich des Königs Wusterhausen: Das nach dem »Soldatenkönig« Friedrich Wilhelm I. (1688–1740) benannte Städtchen richtete

damals die königliche Hochzeit aus. Das wird jährlich am 30. September im prunkvollen Schloss gefeiert – 2006 ist das 300. Jubiläum. Schlossplatz 1, Tel. 03375/211-700; (Di–So 10–17 Uhr, letzte Führung 17 Uhr; Mo geschlossen. Eintritt ca. 4 €; ermäßigt ca. 3 €. Das Schloss ist für Rollstuhlfahrer wegen enger Räume und Treppen leider schwer zugänglich.)

Sehenswert ist außerdem die ev. Kreuzkirche (1697), die mit hell getünchtem Sakralbau und hohem Turm sowie Glockenturm neben einer Wohnruine des sozialistischen Wohnungsbaus fast verkannt wird. Kirchplatz 1; Tel. 03375/258620. Die katholische Kirche St. Elisabeth, erbaut kurz vor Ausbruch des Zweiten Weltkrieges, bietet knapp 300 Gemeindemitgliedern Obhut. Über dem Portal der dunklen Backsteinkirche ruht die tönerne Figur der heiligen Elisabeth von Thüringen. Pfarramt St. Elisabeth, Friedrich-Engels-Straße 6, Tel. 03375/2959.

Die (Rad-)Wanderung ins nächste Biosphärenreservat Spreewald führt über **Bestensee**, dessen frisch restaurierte Feldsteinkirche an der Hauptstraße jedermann zum Hereinschauen einlädt.

Am Pätzer Vorder- und Hintersee, Güldensee, Moddersee entlang geht es auf dem **Europäischen Fernweg E 10** (ausgeschildert) weiter nach Groß Köris. Die Landschaft menschenleer – das Rauschen der Wälder und Summen der Bienen hat meditative Wirkung. Schon wenige Jahre nach Beginn der Renaturierung kehren die Flussläufe zu ihrer ursprünglichen Form zurück, die Natur zeigt sich dankbar mit goldenen Feldern und erstaunlicher Artenvielfalt unter blauem Himmel.

Am ausgedehnten Sumpfgebiet zwischen Groß Köris und Märkisch Buchholz, entlang der Köthener Heideseen, beginnt das **Biosphärenreservat Spreewald**. Ab hier wandelt sich das Landschaftsbild dramatisch.

100 km südöstlich der Hauptstadt **Berlin** eröffnet sich auf einer Fläche von knapp 500 qkm eine einzigartige, bewohnte Kulturlandschaft. Das feingliedrige Gewässernetz des UNESCO-Biosphärenreservates Spreewald entstand nach der letzten Eiszeit vor 20000 Jahren durch die Zerklüftung der Spree in knapp 1000 km Fließe und Gräben. Alle paar Meter Hinweisschilder auf die Kahnhäfen: Sommer um Sommer lassen sich tausende Touristen in mehrstündigen Kahnfahrten durch das einmalige Wasserlabyrinth schippern. Die langen, flachen Boote, von denen noch viele aus jahrzehntelang abgelagertem Holz gefertigt wurden, sind wichtiges Transportmittel des **Spreewalds**. Für Besucher sind sie mit Tischen und bequemen Sitzbänken ausgestattet und der Fährmann plaudert gern, während er gleichmäßig ruhig seinen Kahn mit dem meterlangen »Rudel« vom Grund des Wassers abstößt, aus dem Nähkästchen. Die tiefste Stelle der Spreefließe misst gerade mal 3 bis 4 m, weshalb die Boote möglichst

**Übernachtungsmöglichkeiten CVJM**

**Internat. JBBS Sophienhof, 10178 Berlin, Sophienstraße 19; Tel. 030/28497777; sophienhof@cvjm-ostwerk.de**
**JGH des CVJM Berlin; 10787 Berlin, Einemstraße 10; Tel. 030/26491088; CVJM Kaulsdorf Berlin e. V.; 12621 Berlin; Mädewalder Weg 65; Tel. 030/56588477; info@cvjm-kaulsdorf.de**

**Schiffsgottesdienste**

»Da stieg Jesus in eins der Boote.« Unter diesem Bibelmotto veranstaltet die Berliner Stadtmission regelmäßig Schiffsgottesdienste auf dem Fahrgastschiff »Hanseatic«. Auf der Havel schippert man ab Anleger Tegel in Richtung Potsdam. Ausstiegsmöglichkeiten in Spandau, Wannsee und auf der Pfaueninsel. Gottesdienste finden einmal monatlich statt, die anschließenden Fahrten kosten pro Richtung ca. € 5,50; **www.berliner-stadtmission.de**

**Pilgerweg Berlin – Wilsnack**

Der zweitwichtigste europäische Wallfahrtsort des Mittelalters war das brandenburgische Wilsnack. Die eminente Wilsnacker »Wunderblutkirche« St. Nikolai vermittelt dem Betrachter nur eine kleine Ahnung davon, dass der heutige Kurort Bad Wilsnack einst das »Santiago des Nordens« war.

flach sein müssen. Die gute Wasserqualität (pH-Wert 7) bereitet 36 Fischarten ein (fast) unbeschwertes Leben. Liebstes Hobby vieler Einwohner: angeln. In der Luft viele Mücken; für Fische und Vögel nahrhaft, für den Wanderer Grund, ein wirksames Schutzmittel aufzutragen. Im Winter leben die Spreewälder etwas zurückgezogener. Dann muss mit einer um 40 cm erhöhten Wasserlinie wie auf einem riesigen See gelebt werden, im Städtchen Burg sind das dann immerhin 55 qkm Wasser. Allerdings sind viele der kleinen Inseln durch Brücken und Treppen miteinander verbunden. Ein Besuch im Infozentrum »Haus für Mensch und Natur« in **Lübbenau** lohnt sich. Dort erhält man genaue Karten, auch speziell für Wanderungen und Radtouren im schier unübersichtlichen Dschungel des Reservats. Die beiden Spreewald-Städte **Lübben**, das »Tor zum Spreewald«, und Lübbenau, die »heimliche Hauptstadt«, warten mit weiteren Sehenswürdigkeiten auf:

Lübbens Schloss, ein herrlicher Bau der Renaissance, beherbergt heute ein Restaurant und das Regionalmuseum (April–Oktober Di–So 10–17 Uhr; Nov.–März individuell erfragen)

An die Fontaneroute anknüpfend empfiehlt es sich, weiter auf dem **Europäischen Fernweg E 10** (hier: Spree-Radweg) zu wandern bzw. zu radeln. Ganz anders als im Dahme-Seenland wird man im touristischen **Biosphärenreservat Spreewald** häufiger Wandergruppen treffen.

In die Barockstadt **Dresden** mit der neu aufgebauten Frauenkirche sind's nun noch rund 100 km; die Städtchen Senftenberg und Königsbrück lohnen einen Kurzbesuch. Kurz vor der Elbstadt Dresden kreuzt ein weiterer Pilgerweg: der **Ökumenische Pilgerweg** führt von Görlitz westlich nach Vacha nahe der ehemaligen deutsch-deutschen Grenze (→ S. 59).

*Die Frauenkirche in Dresden, hier mit dem Luther-Denkmal, wurde am 30. Oktober 2005 wieder geweiht.*

### VCH Hotel Schloss Lübbenau

Die Perle des Spreewalds liegt in Lübbenau, Zentrum der brandenburgischen Kanalsystems. Gern genutzt für romantische Hochzeiten, aber auch als Ausgangspunkt für Wanderungen ist dieses gastronomische Highlight ideal. Klassisch elegante Räumlichkeiten und unaufdringliche Atmosphäre sorgen für unvergessliche Stunden.
**03222 Lübbenau, Schlossbezirk 6; Tel. 03542/873-0; Fax -666; www.schloss-luebbenau.de; 46 Zimmer ●●●●**

### Lagunenstadt

In den »Wanderungen durch die Mark Brandenburg« schwärmt Fontane: »Gleich die erste halbe Meile ist ein landschaftliches Kabinettstück, ...es ist die Lagunenstadt im Taschenformat, ein Venedig, wie es vor 1500 Jahren gewesen sein mag ..., ... man kann nichts Lieblicheres sehn als dieses Lehde«.
**Tourismuszentrale Spreewald, Lindenstraße 1, 03226 Vetschau-Raddusch; Tel. 035433/72299, Fax 035433/72228; www.spreewald.de**

# (Rad-)Wanderung von Chorin nach Bernau

**Biosphärenreservat Schorfheide-Chorin – Kloster Chorin – Niederfinow – Eberswalde – Finow – Finowfurt – Biesenthal – Bernau bei Berlin**

*Hohe Baukunst der Zisterziensermönche: Chorin.*

**Charakteristik:** Gemütliche (Rad-)Wanderung durch die wald- und wildreiche Schorfheide im Nordosten Berlins; Anfahrt: mit Nahverkehrszug über Berlin; **Ausgangspunkt:** Kloster Chorin im UNESCO Biosphärenreservat Schorfheide-Chorin; **Wanderung Dauer:** 2–4 Tage; **Fahrradtour Dauer:** 1–2 Tage; **Länge:** 45 km; **Einkehrmöglichkeiten:** Bierakademie in Eberswalde (→ S. 40); **Karte:** → S. 43

## Chorin

Nordöstlich von Berlin, in der waldreichen Schorfheide also, beginnt unsere Fontaneroute. Von der Bundeshauptstadt ist der Ausgangspunkt Chorin in weniger als einer Stunde bequem mit dem Nahverkehrszug zu erreichen; Fahrradmitnahme möglich. Die Route führt durch üppig bewachsene Naturschutz- und Naherholungsgebiete. Sie beginnt beim ehemaligen Zisterzienserkloster Chorin inmitten des UNESCO-Biosphärenreservats Schorfheide-Chorin. Trotz des vielen Grüns in »der Mark«, wie Einheimische die von der letzten Eiszeit geprägte Brandenburgische Endmoränenlandschaft nennen, gibt es nahezu ebensoviel Wasser. Seen, Bäche, Teiche, fast ausschließlich aus Niederschlägen gespeist. Zudem besteht das Reservat zu rund zehn Prozent aus Mooren, die jahrzehntelang trockengelegt wurden, mittlerweile jedoch »renaturiert« werden. Fließgewässer dagegen sind selten – nur dreizehn Flüsse plätschern im Biosphärenreservat Schorfheide-Chorin. Den Zugang zur Alten Oder hat man abgetrennt, das südlich verlaufende Flüsschen Finow zum Kanal umgewandelt. Unter anderem als Folge der Manipulation der natürlichen Flussläufe kam es hier im Sommer 1997 zu erheblichen Flutschäden, als die Oder über ihre Ufer trat. Nach dem Schrecken hat man umgedacht und beginnt mit der Wiederherstellung der einmaligen Landschaft, die durch ihre üppige Flora und vielfältige Fauna fasziniert.

Seltene See-, Fisch- und Schreiadler ziehen hier ihre Brut auf, für Kraniche und Schwarzstörche bieten zahlreiche Feuchtbiotope den idealen Lebensraum. Und unterwegs, beim Wandern, kann so mancher Klapperstorch beim Bewachen seines auf ziegelroten Dächern thronenden Nests beobachtet werden. Backstein ist typisch für die Gegend.

Ankunft am Kloster: Kopfsteinpflaster, Pferdewege, sattgrüner Mischwald mit überwiegend hohen

**VCH-Hotel Haus Chorin**

Am Amtssee, in unmittelbarer Nähe zum Kloster Chorin gelegen, bietet dieses moderne, sehr behagliche Haus erstklassigen Service. Hervorzuheben ist das Restaurant »Immenstube« – Deutschlands einziges Honigspezialitätenrestaurant! Haus Chorin ist auch buchbar für Seminare. **16230 Chorin (Mark), Neue Klosterallee 10; Tel. 033366/500; Fax -326; www.chorin.de; 63 Zimmer ●●● CREDIT**

Laubbäumen. Watteweiße Wolken. Und Mücken. Ein gutes Insektenschutzmittel im Gepäck zu haben ist empfehlenswert.

Das prachtvolle, dreischiffige Klostergemäuer Chorin ist in jeder Hinsicht sehenswert. Vom Bahnhof Chorin-Kloster kommend, geht man sogleich auf geschichtsträchtigen Pfaden auf die Nordfassade zu. In aller Stille davor liegend, von moosbewachsenen Statuen und gusseisernen Umzäunungen geprägt, der alte Friedhof. Romantisch, besonders wenn die Vormittagssonne durch die vielen Blätter scheint.

Der »Nettelgraben«, von Mönchen angelegt und als Abfluss des idyllischen Amtssees gedacht, wird mittels einer kleinen Holzbrücke überquert. Der bis zu 14 m darunter liegende Bach eignet sich zur Erfrischung gut für eine kleine Kneipp'sche Wanderung. Weitere Wohltat: Ein Bad im See, der direkt neben dem Kloster liegt – und aus dessen Namensgeschichte übrigens der Ortsname stammt: Koryn!

Ein Rundgang um den See misst rund 1,6 km und dürfte eine wunderbare Einstimmung auf die Pilgertour durchs östliche Brandenburg sein.

Chorin, das ehemalige Zisterzienserkloster und eines der schönsten Zeugnisse der Backsteingotik, entstand zwischen 1273 und 1334. Die monumentale und gleichzeitig filigrane Baukunst wird spätestens an den vielen die umliegenden Wälder noch überragenden Dächern und Spitzen des Klosters sichtbar. Der Zisterzienserorden unterlag dem Armutsgebot; schon ein Turm galt als baulicher Überfluss. Durch die

**Radverleih**

An der Försterei, etwas südlich des Klosters an der B 2, können Fahrräder gemietet werden **Fahrradverleih bei der Försterei Chorin; Isolde Discher, Amt Chorin 2; Tel. 01 74/ 6 66 72 10.**

**Fürstenwalde**

Autofahrer: Auf dem Weg von Chorin/Eberswalde in Richtung Spreewald bietet sich ein Exkurs nach Fürstenwalde (BAB A 12) an. Der dreischiffige, geschichtsträchtige St.-Marien-Dom bestimmt die Stadtsilhouette. Er befindet sich in Gesellschaft zahlreicher historischer Bauten.

*Der Amtssee ist in Windeseile umwandert. Danach lädt das idyllische Flecklein zu einem gemütlichen Picknick mit Kneipp'schem Bad ein.*

*Fast sieht man den Wald vor lauter Bäumen nicht – doch in der nördlichen Mark Brandenburg wird das Auge mit dem Anblick des Klosters Chorin belohnt.*

geschickte Schachtelbauweise am Kloster Chorin entstanden für den Außenbetrachter trotzdem sehr sakrale Dachformen. Nachdem das Kloster im Dreißigjährigen Krieg (1618–48) verfiel, erkannte 200 Jahre später der gebürtige Brandenburger Baumeister Karl Friedrich Schinkel die Schönheit der Ruine und widmete sich deren Wiedererblühen. Bis heute ein Ort der Besinnung und der Stille, ein Ort, dessen Besonderheit alljährlich durch schöne Klänge unterstrichen wird: Während der Sommersaison findet hier seit mehr als vierzig Jahren der »Choriner Musiksommer« statt – ein Repertoire beliebter Opern und Chöre in grandioser Kulisse.

**Info: Brandenburgisches Konzertorchester Eberswalde; Tel. 03334/25650; Eintritt 13–20 €. Kloster Chorin, Angermünder Straße (an der B2), Tel. 033366/70377. Das Kloster Chorin und die Außenanlagen sind bis auf wenige Ausstellungsräume barrierefrei; für die Veranstaltungen steht eine Rampe bereit.**

### Essen und Trinken

Lange Wanderungen machen hungrig. Im Reiseland Brandenburg kein Problem. Rund 40 Restaurants, Gasthöfe und Hotels bieten unter dem Namen »Brandenburger Teller« regional und saisonal wechselnde kulinarische Finessen an.
**www.reiseland-brandenburg.de/pages/bbteller.html**

### Chorin ···> Eberswalde

Eberswalde, den nächsten Routenpunkt, könnte man mit dem Auto über die Bundesstraße 2 erreichen, vorbei an sich weich im Wind wiegenden Gerstenfeldern und dunkelgrünen Wäldern, die lange Schatten auf den Asphalt werfen. Per pedes oder mit dem Fahrrad geht's über Niederfinow in die Kreisstadt Eberswalde. Der Lieper Amtsweg, anfangs ein alter Pflasterdamm, ist die Einmündung des Rundweges zum früheren Kloster-Weinberg. Absteigen, schieben – es geht steil bergauf.

Schautafeln und Schilder klären über die Geschichte und Geologie dieses Ortes auf. Am unteren Ende des Weges, dem »Choriner Knack«, hat man bei guten Wetterbedingungen eine grandiose Aussicht auf die hundertundeinen Grünton umfassende Schorfheide.

Die Strecke nach Niederfinow führt durch die Mönchsheide und den Plagefenn, eines der ältesten Naturschutzgebiete Deutschlands. Fahrradfahrer bevorzugen hier den Sandweg, der parallel zum alten Kopfsteinpflaster verläuft. Die markierte Route beginnt vis-à-vis des Klosters und erstreckt sich für ca. 6 km geradeaus durch dichten Mischwald.

Seit 1907 wird die Natur hier im Plagefenn ihrem Schicksal überlassen – ein wilder Urwald, wie man ihn selten mehr sieht. So verlockend diese Zauberwelt auch sein mag, die Wege sollten nicht verlassen werden – schließlich wollen Wolf, Wildschwein und brütender Kranich gern unter sich bleiben.

Nach etwa 4 km kreuzt ein Weg, die Route führt jedoch geradeaus in Richtung Liepe. Nach weiteren 1,7 km auf direktem Weg, am Forsthaus Liepe, zweigt der Finowkanal von der Oder ab. Rechterhand erhebt sich schon bald ein gusseisernes Ungetüm der besonderen Art aus der Flusslandschaft: das Schiffshebewerk. Seit den Dreißigerjahren des 20. Jh. steht das Denkmal für intelligente Technik – nicht nur Freizeitkapitänen hilft es, 36 Höhenmeter zwischen Finowkanal und Niederoderbruch zu überwinden. Auch interessierte Landratten lassen sich regelmäßig in dem gigantischen Fahrstuhl schleusen. Dazu wird ein kleiner Dampfer im Wasserbecken zum Passagier und schwimmt fünf spannende Minuten gegen die Schwerkraft an. Die Schleusenanlage kann auch erklettert werden – 206 Stufen sind zu bewältigen.

**Schiffshebewerk Niederfinow; 16248 Niederfinow, Am Hebewerk; Tel. 03 33 62/2 15 Fax 61 91 13 (Barrierefreiheit: 4 Plätze, aber kein WC für Rollstuhlfahrer).**

Nach Verlassen der Schleusenanlage gen Westen verläuft der Weg an der Alten Oder entlang (»An der Treppenschleuse«). Etwas südlich der Schleusenanlage ist alternativ die »Eiszeittour« ausgeschildert. Für diesen Radwanderweg entlang der Märkischen Eiszeitstraße sollte man zwei Tage extra einplanen.

Die Querung des Flusses auf dem Weg nach Eberswalde folgt nach 2,6 km. Die wenig befahrene Oderberger Straße führt erneut durch dichte Wälder, am Kahlenberg (Wildwechsel!) geht's dann auch mal ein wenig bergauf. Kurz vor Eberswalde endet diese Straße an der B 2, links herum führt eine langgezogene Senke ins Stadtzentrum.

### Eberswalde

Wir sind in Eberswalde, dessen Beiname »Waldstadt« im Kontext mit den Ortsteilen »Eisenspalterei, Kupfer-

#### Dorfkirchensommer

Brandenburg, ein Kirchenland. Jedes noch so kleine Dorf kann sich seiner Kirche rühmen. Der »Dorfkirchensommer« jährt sich 2006 zum zehnten Mal. In zahlreichen Gotteshäusern locken kulturelle Angebote. **www.ekbo.de/dorfkirchensommer**

#### Ökumenischer Pilgerweg Magdeburg – Gniezno (Polen)

Auf kaiserlichen Spuren von Sachsen-Anhalt nach Polen. 10 Tage lang »mit den Füßen beten«, vorbei am Kloster Lehnin, durch Potsdam (mit Schifffahrt auf der Havel), Berlin (Gottesdienst am Brandenburger Tor) bis zum ehemaligen Zisterzienserkloster Paradies im westlichen Polen. Teilstrecken der 500 km langen Strecke werden mit der Bahn zurückgelegt, etwa zwischen Magdeburg und Berlin. Dieser Begegnungsweg zwischen Deutschen und Polen wird hauptsächlich durch Mundpropaganda empfohlen. **Ev. Kirche Berlin-Brandenburg; Info-Tel. 0 30/24 34 41 21; www.ekbo.de**

hammer und Messingwerk« Nachdenklichkeit auslösen könnte – die Siedlungen sind vom Bauhaus-Architekten Gropius erdacht worden und versinnbildlichen die Industrialisierung des Märkischen. Wie wichtig dieses Thema für die Region ist, wird klar, wenn man das Wahrzeichen der Eberswalder vor sich hat: Ein riesiger, zum Aussichtsturm umfunktionierter Baukran, genannt »Montage-Eber«.

Es lohnt allemal, sich ein wenig Zeit für die bezaubernde, aufstrebende Stadt zu nehmen. Die dreischiffige Backsteinbasilika (13. Jh) und Stadtkirche St. Maria Magdalena beherbergt einen prunkvoll vergoldeten und äußerst filigranen Altaraufsatz von knapp 5 m Höhe, in dessen Fuß ein Relief Jesus' mit seinen Jüngern beim Abendmahl eingearbeitet ist.

**Infos und Führungen über: Ev. Gemeindehaus (Frau Fracke); Eisenbahnstraße 84, Tel. 03334/205959.**

Die römisch-katholische St.-Peter-und-Paul-Kirche ist deutlich jüngeren Datums (1877) und hinter dem alten, Geschichten erzählenden Bronzetor von schlichterer Bauart. Nüchtern weiß gekalkte Wände und geometrisch klare Kirchenfenster lenken im Innenraum den Blick aufs Wesentliche: Das Taufbecken, Tabernakelstelen, Altar und die hölzerne Marienstatue sind antik, vieles wurde im Zweiten Weltkrieg zerstört. Vor Kurzem wurde beim Abriss einer Wand ein ursprüngliches Wandbild mit alttestamentlichen Motiven und Inschriften wieder entdeckt. Eine sehr aktive Kirche: Seit 13 Jahren und ganz im Sinne Kolpings sammelt Pfarrer Kohnke mit seiner Gemeinde für ein Hilfsprojekt im Norden Portugals, einmal jährlich setzt sich ein Konvoi gen Südwesteuropa in Bewegung und versorgt Bedürftige vor Ort mit Kleidung.

**St.-Peter-und-Paul-Kirche; Pfarramt; Schicklerstraße 7, Tel. 03334/22106; beide Eberswälder Gemeindehäuser bieten leider keine Unterkunft für Pilgernde.**

### Eberswalde ⇢ Bernau

Durch die zuvor erwähnten »Metallsiedlungen«, dann am »Wolfswinkel« und später durch die dicht bewaldete »Barnimer Heide« verläuft der weitere, sehr gut zum Radeln geeignete Weg, an dem mehrere Kirchen liegen. Innerhalb Eberswaldes lohnt es sich nach diesem (nicht immer ausgeschilderten) Weg Ausschau zu halten (Verlauf entlang des Finowkanals). Die Ortsdurchfahrt zieht sich über etwa 8 bis 9 km hin.

Auf die eher schlichte Pfarrkirche in Finow, einem für die Region typischen Backsteinbau von 1889, folgt die neogotische Dorfkirche in Finowfurt (1880), die kurz vor der »Wende« mit modernen Elementen aus Beton verziert wurde. Von Finowfurt geht's zum nächsten Etappenpunkt links in die Biesenthaler Straße nach Bie-

#### Restaurant Bierakademie

Sehr urig und mit antikem Interieur ist die »Bierakademie – das Traditionshaus der Eberswalder Brauerei (seit 1868)« als Treffpunkt der Eberswalder beliebt. Wirt Jörg und sein Team servieren nach langen Wanderungen herzhafte und deftige Gerichte mit einem kühlen »Potsdamer« (Radler; Alsterwasser) in gemütlicher Atmosphäre.

**16225 Eberswalde, Eisenbahnstraße 27; Tel. 03334/22118; Di 17–24 Uhr; Mi–Fr 12–24 Uhr; Sa 11–24 Uhr; So 11–22 Uhr**

#### Fahrradkirche

Die Fachwerk-Dorfkirche zu Glambeck/Barnim (1708) ist seit Pfingsten 2006 »Erste Fahrradkirche im Barnim« und lädt jährlich zu Pfingsten zu einer Sternfahrt mit Fahrradgottesdienst ein. Fahrräder können an verschiedenen Bahnhöfen der Umgebung ausgeliehen werden.

**Info: Tel. 033367/252**

senthal: nur die ersten 2 km in Richtung Marienwerder leicht südwestlich (der beste Radweg führt innerhalb 600 m zweimal unter der Autobahn hindurch), dann südöstlich durch die dicht bewachsene Oberheide schnurstracks nach Biesenthal.

Das kleine Städtchen mit großer Silhouette ist eine der ältesten Siedlungen der Mark Brandenburg. An der alten Heer- und Handelsstraße Berlin-Oderberg, der heutigen Bundesstraße 2, ließen sich einst Slawen nieder. Gleich drei Türme überragen die Kleinstadt, in der im Mittelalter eben auf diesem wichtigen Handelsweg Jakobspilger vorbeigezogen sein sollen. Das Fachwerkrathaus mit Turm hält sich zwar etwas im Hintergrund, ist aber eines der ältesten Gebäude Biesenthals.

Ebenfalls empfiehlt sich ein Besuch der für die Gegend eher untypischen barocken, evangelischen Pfarrkirche (1764–67). Auf dem Sockel einer mittelalterlichen Feldsteinruine aus dem 13. Jh. thront das hell getünchte Gotteshaus mit einem stattlichen Holzaltar im Innern, der von toskanischen Säulen flankiert wird.

Die auffällig runde neobarocke Marienkirche und die Herz-Jesu-Wallfahrtskirche in Bernau stammen aus derselben Hand: Baumeister war der katholische Pfarrer Carl Ulitzka. Die katholische Kirche St. Marien feiert am 25. März Wallfahrt mit dem »Fest der Verkündigung des Herrn«.

**St. Marienkirche, Bahnhofstraße 162, Tel. 0 33 37/21 32**

Nach einer besinnlichen, aber vielleicht auch etwas anstrengenden Wanderung lädt das 1925 gegründete »Strandbad« am Großen Wukensee zu einer Erfrischung ein. Hier, beim Fachwerkhaus am See, haben sich also

*Fünf Meter göttlicher Schnitzkunst – im Altar der Eberswälder Marienkirche ist die biblische Geschichte verewigt.*

**Auberge**

Ruhiges, modernes Familienhotel mit reichhaltigem Frühstücksbuffet, auch Vollwert und vegetarisch. Gemütliche Zimmer zum Ausspannen nach einer langen Tagestour. Außenterrasse.
**16244 Schorfheide-Finowfurt, Magistrale 1; Tel. 0 33 35/45 33 90 www.hotel-auberge-finowfurt.de; 48 Zimmer** ●● CREDIT

**Barrierefreiheit**

Das Fremdenverkehrsamt hält eine 60-seitige, sehr gut gemachte Broschüre (»Tourismus für alle – ausgewählte Ziele ohne Barrieren«) bereit, mit deren Hilfe Behinderte die Sehenswürdigkeiten der Stadt Bernau und viele weitere Ziele in Berlin und Brandenburg barrierefrei erkunden können.
**Fremdenverkehrsamt Bernau, Bürgermeisterstraße 4, Tel. 0 33 38/ 76 19 19; E-Mail: fremdenverkehrsamt@bernau-bei-berlin.de; oder über VSR Verlag; Tel. 03 41/6 58 42 20**

früher Badegäste mit Hut und geringelten Badekostümen in ihrer Freizeit vergnügt. Der See kann umwandert werden und ist nordwestlich in Richtung Ruhlsdorf gelegen. (Strandbad Wukensee, Ruhlsdorfer Straße 41.)

Südlich der Kirchgasse führt die zunächst asphaltierte Berliner Chaussee in Richtung Bernau. Nach nur wenigen Metern geht's auf sandigem Weg geradeaus weiter: An Feldern und Wiesen, baumgesäumt vorbei an der Langerönner Mühle über Lobetal bis nach Bernau bei Berlin. Insgesamt 10 km lang ist die Strecke zwischen Biesenthal und Bernau.

### Bernau (bei Berlin)

Eigentlich ist Bernau schon ein Vorort der modernen Metropole Berlin. In nur einer dreiviertel Stunde ist man mit der S-Bahn in der Hauptstadt. Steht man aber am hohen Steintor, dem Wahrzeichen Bernaus, ist es, als wäre man in einer anderen Zeit – im Mittelalter. Der historische, blühende Stadtkern ist von einer fast vollständig erhaltenen Stadtmauer umgeben, das älteste und noch immer genutzte Kantorhaus (Tuchmachergasse) von 1582 beherbergt heute die Musikschule. Doch hier und da stößt man auch auf architektonische Anachronismen: Entzückend bunte Fachwerkhäuschen werden flankiert von Plattenbauten. Mangels finanzieller Mittel zur Restauration historischer Wohnhäuser erkor man Bernau in den 70er-Jahren zur Musterstadt des sozialistischen Wohnungsbaus, glücklicherweise in angepasst flacher Form.

Alljährlich im Juni findet das Hussitenfest statt, dann herrscht ein buntes Treiben in mittelalterlichem Gewand, um die Verteidigung (1432) der stolzen Bernauer gegen die Hussiten zu feiern. Mehr Infos: www.hussitenfest.de

Im Gegensatz zum Kuppelbau der St. Marien in Biesenthal (→ S. 41), die mit Pfarrer Ulitzka denselben Baumeister hat, ist die Bernauer Wallfahrtskirche Herz-Jesu schlank und hoch – 66 m misst der weithin sichtbare, patinierte Turm der Backsteinkirche. Pilgern deutet er den Weg zum Mariahilf-Bildnis der Lucas-Cranach-Schule, das im rechten Querschiff zu finden ist. Für nur 1000 katholische Gläubige wurde die Herz-Jesu-Kirche 1907/08 kurz vor der Marienkirche des Nachbarortes errichtet.

Die Bernauer Pilgergeschichte lässt sich tagesgenau nachvollziehen: Eduard Müller, seinerzeit bedeutender Berliner Missionsvikar, predigte im katholischen Moabiter Dominikanerkloster, das kurz darauf von Glaubensgegnern gestürmt wurde. In Erinnerung an den Überfall zog Müller am 12. September 1869 mit 40 Gesellen der Kolpingfamilie ins alte Bernauer Missionshaus. Bis heute pilgern jedes Jahr am 12. September

#### Trivium

Eine Gruppe junger, mittelalterlich gekleideter Pilger macht sich seit 2005 von Bernau auf ins 140 km entfernt gelegene Wilsnack, vier Tage dauert die Wanderung. **www.trivium-bernau.de**

#### Comfort Hotel

Behindertenfreundliches, familiär geführtes kinder- und radfahrerfreundliches Hotel. 1 Familienzimmer bis 5 Pers.; Restaurant, Sauna; Wireless LAN in den Zimmern.
**16321 Bernau, Zepernicker Chaussee 39–53, Tel. 0 33 38/ 7 02 00; www.comfort-hotel-bernau.de; 48 Zimmer** ●● CREDIT

#### VCH-Hotel Albrechtshof

Das persönlich geführte 3-Sterne-Plus-Hotel mit Restaurant und Tagungsräumen ist eine ruhige Oase im lebhaften Berlin. Der freundliche Service kümmert sich ebenso um Geschäftsreisende als auch um Erholungssuchende.
**10117 Berlin, Albrechtstr. 8; Tel. 0 30/30 88 60, Fax 30 88 61 00; www.hotel-albrechtshof.de; 100 Zimmer** ●●●● CREDIT

Gläubige zur Marienwallfahrt nach Bernau.
**Herz-Jesu-Kirche, Bahnhofstraße 9; kath. Pfarramt: Börnicker Straße 12; Tel. 03338/2209.**

Die evangelische Marienkirche (16. Jh.) ist trotz ihres kleinen Spitzturms und vielleicht wegen des enormen Hallenschiffs weithin sichtbar. Auch in ihrem Inneren, am Flügelaltar, finden sich Zeugnisse der Cranach-Schule. Die Kirche ist bis auf einen kleinen Absatz am Eingang barrierefrei, Behindertenparkplätze und -Toiletten sind am nahen Fremdenverkehrsamt vorhanden.
**St. Marien-Kirche, Kirchplatz; Tel. 03338/761919, Dachstuhlführungen möglich.**

*Vom Kloster Chorin geht's zunächst durch dichte Wälder, in Eberswalde lockt Kultur. Vielleicht ein Bad im See bei Biesenthal, bevor Bernau nach abwechslungsreichen 45 km den Hauch der Großstadt Berlin nahebringt.*

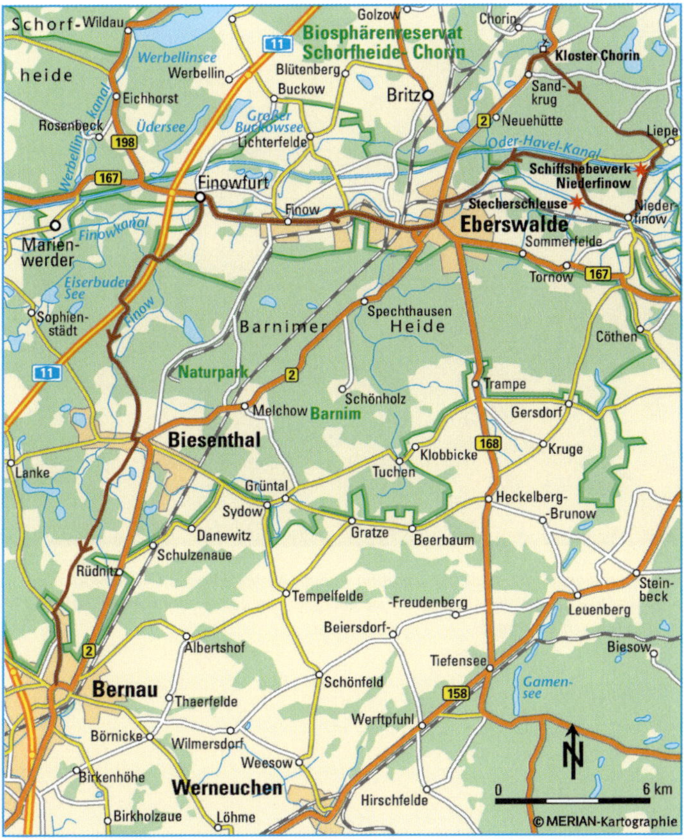

# Pilgerweg 3 – Die Bischofsroute

*Den Spannungsbogen zwischen Tradition – altes »Neues Rathaus« – und Moderne – Kestner-Museum – wahrnehmen: Wer sich in Hannover auf den Weg macht, hat die besten Aussichten darauf.*

Alltägliche Lebensräume aus einem neuem Blickwinkel betrachten – wenn in modernen Zeiten alte Wege wiederbelebt werden, wirken große Städte und Industrielandschaften plötzlich sehr besinnlich.

# Die Bischofsroute

## Hannover – Loccum – Minden – Herford – Bielefeld – Warendorf – Münster – Dülmen – Recklinghausen – Essen – Düsseldorf bzw. Wuppertal – Köln (gesamt 305 km)

*Hannover, bekannt als Messestadt, hat viel mehr zu bieten: Schlösser und Gärten, Klöster und Kirchen sowie die bunten, fröhlichen »Nanas« von Niki de Saint Phalle.*

**VCH-Hotel Loccumer Hof**

Gemütliche Atmosphäre im Herzen Hannovers – das Vier-Sterne-Haus lässt keinen Wunsch offen. Die Deluxe-Zimmer machen Lust aufs Reisen – sie sind den Kontinenten nachempfunden.
**30159 Hannover, Kurt-Schumacher-Straße 14/16; Tel. 05 11/1 26 40; www.loccumerhof.de; 95 Zimmer ●●●●**
CREDIT

Es gibt viele gute Gründe, **Hannover** zu besuchen: Die weltgrößte Computermesse CeBit oder die »Nanas«, bunte Skulpturen der Niki de Saint Phalle, stehen für Schnelllebigkeit und Moderne. Die historischen Herrenhäuser Gärten und zehn weitere charmante Parkanlagen sowie Bischofssitz, Klöster und die vielen Kirchen belegen aufs Schönste die Tradition der niedersächsischen Landeshauptstadt. Einer der besten Gründe könnte sein, in dieser modern-historischen Mischung scheinbar alltägliche Lebensräume mit anderen Augen zu sehen und so die Bedeutung der eigenen Spiritualität zu erfahren.

Wer die Metropole nach Nordwesten verlässt, gelangt zum **Naturpark Steinhuder Meer**. Raus ins Grüne, dort liegt das **Kloster Loccum**. Die Schreibweise lässt erahnen, wie alt die Geschichte des Ortes ist. Ans neunte Jahr nach Christi erinnert auch die Ruine der Luccaburg, denn ganz in der Nähe blieb römischen Legionen bei der Schlacht im Teutoburger Wald der Einlass ins Norddeutsche verwehrt.

Aber auch im Märchen spielt der Klosterort eine Rolle: Da gibt's die Geschichte »vom Hühnchen, das nach Loccum wollte« – um mit diesem Pilgergang den Untergang der Welt zu verhindern. Im ehemaligen Zisterzienserkloster Loccum, das einst von thüringischen Mönchen bewohnt wurde, lebte man im 12. Jh. nach dem Motto »ora et labora«, beten und arbeiten. In seinem hervorragenden Erhaltungszustand dient das Kloster heute der Ausbildung von jungen Priestern und Priesterinnen. Märchenhaft auch der von der evangelischen Landesbischöfin Dr. Margot Käßmann (Hannover) initiierte »Pilgerweg Loccum-Volkenroda«, der sich vom Kloster aus 300 km an mitteldeutschen Höhenzügen entlangschlängelt und im Kloster Volkenroda kurz vor der Lutherstadt **Eisenach** endet (www.pilgerprojekt.de).

Nur wenige Kilometer weiter südlich Loccums öffnet sich die »**Porta Westfalica**«, historisches Eingangstor ins Westfälische sowie der Jakobsberg, ein früherer Weinberg. Die Geschichte lässt offen, warum der Hügel an einem so wichtigen Handelsweg ausgerechnet den Namen des Apostels trägt.

**Minden** liegt kurz hinter dem Tor, schon im Westfälischen. Einflussgebiet Karls des Großen (748–814) und seitdem Bischofssitz, ist die Stadt schon von Weitem an der fantastischen Kirchensilhouette vor dem Höhenzug des Wesergebirges auszumachen. Im Mittelalter war die »Hansestadt Minden« ein bedeutender Standort für den Handel – der günstigen Flusslage wegen. Seit jeher geht es der Wirtschaft gut – als »südlichster Seehafen der Weser«. Zu Beginn des Ersten Weltkrieges wurden Weser und Mittellandkanal zur Wasserkreuzung ausgebaut; der Hafenhandel floriert. Die sehenswerte Altstadt mit dem von Karl dem Großen um 800 erbauten Dom vermittelt einen guten Einblick in die Historie. In der Kathedrale ließ sich 1168 Heinrich der Löwe, der 39-jährige Herzog von Sachsen und Bayern, mit Mathilde trauen, der damals erst zwölf Jahre alten Tochter des englischen Königs Heinrich II. Der Herzog begründete damit die enge Verbindung der Welfen zum englischen Königshaus. Auch die Schattenseiten des christlichen Schaffens kamen in Minden zum Vorschein: im Mittelalter wurde insgesamt 128 Frauen wegen Hexerei der Prozess gemacht.

Wirtschaftlich sorgte im 19. Jh. die »Cöln-Mindener Eisenbahn-Gesellschaft (CME)« für Aufschwung: Ab 1843 wurden Passagiere und Güter von Minden bis ins entfernte Köln auf dem Schienenweg transportiert.

**Herford**, nächster Wegpunkt dieses Pilgerwegs, unterzeichnete 1246 gemeinsam mit Minden, Müns-

**Maria Wegweiserin**

Katholiken in der Diaspora Herford wallfahren noch heute – jährlich am 18. September – zur Wallfahrtskapelle Maria Wegweiserin. Herford ist der älteste Wallfahrtsort mit einer Marienerscheinung nördlich der Alpen. Ökumenisch geht es hingegen Mitte Juni auf dem Luttenberg zu: mit einem Visionsspiel und anschließendem großen Festumzug. **Infos: www.kath-kirche-herford.de**

**Kolping Stadthotel Münster**

Inmitten der historischen Münsteraner Altstadt wohnt man im Kolping Stadthotel äußerst angenehm. Das Haus ist modern und dabei sehr wohnlich eingerichtet. Restaurant im Hause. **48143 Münster; Aegidiistraße 21; Tel. 0251/4812-0, Fax -123; E-Mail: www.kolping-tagungshotel.de; 107 Zimmer ●●●● CREDIT**

**Café Uckelmann**

Zur Kaffeestunde nach Dülmen: Vis-à-vis der Heilig-Kreuz-Kirche liegt das schmucke und traditionsreiche Caféhaus Uckelmann. Torten und Gebäck nach alten Rezepturen, ein frisch gebrühter Kaffee und dazu eine Portion Geschichte – das Café widmet sich ausführlich der seligen Dülmenerin Katharina Emmerick. **48249 Dülmen, Lüdinghauser Str. 54; Tel. 02594/2255; www.cafe-uckelmann.de ; tgl. 9–18 Uhr ●/●●**

*Altstadt mit Atmosphäre in Münster, dem »Rom des Nordens«.*

ter und Osnabrück den Ladberger Vertrag, eine Vorform der Hanse (→ S. 18). Wichtige Handelsstraßen entstanden auch hier, ebenso Wege des Gebets. Der Stadtteil Radewig war einst eine eigenständige Gemeinde mit der Kirche St. Jakobi; eine Station für Pilger auf dem Weg nach **Santiago de Compostela**. Das noch heute unverändert im Altstadtzentrum aufragende Münster zu **Herford** wurde ab 1220 unter der Äbtissin des damals bestehenden Damenstifts errichtet; 30 Jahre baute man am exemplarischen Meisterwerk, der ersten der großen Gotik-Hallenkirchen überhaupt.

Nach der wohlhabenden Leinenstadt **Bielefeld** (→ S. 51) am **Teutoburger Wald** führte der Weg in Richtung Köln durch **Warendorf** im Bistum Münster. Auch hier florierender Handel mit Leinen, begünstigt durch einen Fluss, die Ems. Zur Wallfahrt ging man ans »Gnadenbild der glorreichen Jungfrau« in der katholischen St. Laurentius-Kirche, welches jedoch vor Kurzem einer Brandstiftung zum Opfer gefallen ist. Das Franziskanerkloster von Warendorf (1683) wird noch immer von Mönchen bewohnt.

Große Geschichte dann in **Münster**, Hauptstadt des gleichnamigen Bistums und aufgrund seiner vielen Kirchen mit dem Beinamen »Rom des Nordens« versehen. Neben dem Dom und vielen sehenswerten Kirchen hat Münster, dessen Einwohner zumeist römisch-katholisch sind, eine Vielzahl an Klöstern, Kapellen und Kollegien. Der St.-Paulus-Dom in der Altstadt steht bereits zum dritten Mal an gleicher Stelle. Immer wieder wurde die Wirkungsstätte der Bischöfe zerstört, zuletzt durch den Zweiten Weltkrieg. Einer der berühmtesten Würdenträger, Kardinal von Galen, liegt in einer Kapelle des Doms begraben und zieht viele Pilger an.

**Dülmen**, heute eine mittelgroße Stadt, wurde im frühen 19. Jh. weltberühmt. **Katharina Emmerick**, ein Bauernkind und spätere Nonne im Dülmener Kloster, hatte Marienvisionen. Am Körper trug sie die Wundmale Jesu', sie verzichtete fast gänzlich auf Nahrung. Viele Kranke reisten nach Dülmen und versprachen sich Heilung durch ihre Berührung. Auch die Wissenschaft interessierte sich für sie – ihre letzten Jahre wurden von den Gebrüdern Brentano aufgezeichnet. Die »Mystikerin des Münsterlandes« wurde in einer der letzten Amtshandlungen des Papstes Johannes II selig gesprochen; ihre Gebeine sind in der Dülmener Heilig-Kreuz-Pfarrkirche beigesetzt. Selbst aus Japan und Amerika kamen schon Pilger, um den knapp 25 km langen, gut ausgeschilderten Weg zum Geburtshaus Katharina Emmericks in Coesfeld nachzuvollziehen.

Burchard »der Rote«, 1098–1118 Bischof von Münster und in Konstantinopel gefallen, ließ 1115 etwas südwestlich seines Amtssitzes eine kleine Hausburg »dat Hus to Dulmene«, zur Sicherung des Territoriums errichten – auch diese sollte während 300 Jahren immer wieder Opfer der Zerstörung werden, die Landrechte blieben jedoch erhalten. Von dort aus wurde sogar kurz das westfälische Umland regiert. Heute sind außer dem Ortsnamen Hausdülmen keine Überreste der 1777 endgültig zerstörten Burg mehr auszumachen.

Auf der Route nach **Köln** liegt das **Ruhrgebiet**, mit etwa 4500 qkm Fläche und mehr als 5 Millionen Einwohnern das am dichtesten besiedelte Gebiet Deutschlands. Das Bistum Essen, auch Ruhrbistum genannt, hat seine Mitte in der Hohen Kathedralkirche der Bischofsstadt Essen. Und **Essen** hat einen Schatz – die »Goldene Madonna«, älteste vollplastische Marienfigur der Welt und Patronin des Bistums Essen. In einer Seitenkapelle des Doms kann die von einer Enkelin Kaisers Otto d. G. gestiftete Plastik des Bistums Essen besucht werden.

**VCH-Hotel Essener Hof**

Den Gästen ein wenig Heimat in der fremden Stadt zu bieten, ist seit über 100 Jahren das Bestreben der Familie Bosse. Susanne und Maximilian Bosse leiten das Haus in der vierten Generation und widmen sich, ganz im Sinne ihrer Vorfahren, dem Wohl der Gäste. Heute ist der Essener Hof ein modernes Vier-Sterne-VCH-Hotel mit einem schönen Ambiente in zentraler Lage.

**45127 Essen, Am Handelshof 5; Tel. 0201/2425-0; www.vch.de/essenerhof.essen; 126 Zimmer**

●●●/●●●● CREDIT

*So stellt man sich das Ruhrgebiet vor: Zechen mit Fördertürmen, den Kathedralen des Ruhrgebiets. Doch es gibt auch viele »echte« Kirchen im Ruhrbistum Essen.*

**VCH-Hotel FFFZ Tagungshaus**
Ruhig, zentral und verkehrsgünstig in Düsseldorf nahe der Messe gelegen, verbindet das Haus eine kultivierte Atmosphäre mit modernsten Tagungsmöglichkeiten. Das Hotel im Grüngürtel hat drei behindertengerechte Zimmer sowie neun Konferenzräume von 20 bis 250 qm. Plus: Restaurant, Kapelle, Tiefgarage sowie ein Fernseh- und Hörfunkstudio. Das FFFZ wurde als besonders frauen- und umweltfreundlich ausgezeichnet.
**40474 Düsseldorf, Kaiserswerther Str. 450; Tel. 02 11/45 80 15-0; www.vch.de/fffz.duesseldorf**
**47 Zimmer ●●●●**
CREDIT

Schon seit dem 14. Jh. wird im **Ruhrgebiet** Steinkohle abgebaut, die Landschaft war jedoch bis Ende des 18. Jh. mit der des **Münsterlands** vergleichbar: Viel Ackerbau und dörfliches Leben, durchzogen von wenigen, aber für die Wirtschaft immens wichtigen Handelswegen. Vor allem die der Hanse zugehörigen Städte wurden so miteinander verbunden. Einer von ihnen ist der Hellweg. Handelsstraße schon zu Zeiten von Christi Geburt, war er für die mittelalterlichen Jakobspilger ein Zubringer zum »Camino« nach **Santiago de Compostela**. Von West nach Ost führt er heute als »B 1« durch einige Städte des Rhein-Ruhrgebiets, darunter auch **Essen** und Düsseldorf – und ist eine der höchstfrequentierten Straßen Europas.

Von **Wuppertal** aus kann man seit Beginn der 1990er-Jahre auf historischen Überlandwegen den **Jakobsweg** gehen. Der Weg führt zunächst durch überraschend schöne, naturbelassene Landschaften des Bergischen Landes bis nach **Köln**, dem nördlichsten Wegeknoten der heute wieder ausgewiesenen Jakobswege. So wie Köln heute von Touristen besucht wird, kann man sich den Ansturm der Pilger im Mittelalter vorstellen.

Die wichtigste deutsche Jakobspilgerstadt **Aachen** erwandert man von Köln aus auf der »Straße der Heiligen« durch die Rheinische Ebene. Dort treffen sich seit jeher die meisten deutschen Pilger, um den Weg in Richtung Nordspanien über Paris zu gehen.

*Überraschend grün ist es rings um Wuppertal, das eigentlich mehr für seine Schwebebahn als für seine landschaftlich schöne Umgebung bekannt ist.*

# Wanderung von Bielefeld zum Kloster Marienfeld

**Bielefeld-Sparrenberg – Einschlingen – Zweischlingen – Dreischlingen – Brockhagen – Kloster Marienfeld**

**Charakteristik:** Wanderung an der Südflanke des Teutoburger Waldes bis zum Kloster Marienfeld im Münsterland; **Ausgangspunkt:** historische Sparrenburg in Bielefeld; **Dauer:** 1–2 Tage; **Länge:** 22 km; **Einkehrmöglichkeiten:** Sparrenburg Burgrestaurant (Di geschl.), 05 21/6 59 39; **Karte:** ⇢ S. 54

### Bielefeld-Sparrenburg ⇢ Zweischlingen

Ausgangspunkt der Wanderung zum Kloster Marienfeld ist die Sparrenburg, Bielefelds Wahrzeichen und liebstes Ausflugsziel. Erstmals erwähnt wurde die Burg Mitte des 13. Jh, die heutige Festungsanlage ist jedoch ein Ausbau des 16. Jh. Nach dem herrlichen Ausblick über die »Burgfreiheit« hinunter auf die zweitürmige Neustädter Marienkirche (1293) und die um 57 Jahre ältere Altstädter Nikolaikirche geht's von hier aus nordwestlich in Richtung Teutoburger Wald.

Dazu muss zunächst die Bundesstraße überquert werden. Am elegantesten wird dies durch Nutzung des regionalen Radwegenetzes gelöst. Am nördlichen Fuß der Burganlage verläuft der Radwanderweg 3, teilweise gemeinsam mit dem für Fahrräder ausgebauten (historischen) Hellweg (»BHW«-Beschilderung). Nach der Gadderbaumer Straße muss man dem Haller Weg folgen, der durch dichten Wald in die Schlingenstraße übergeht.

Rechterhand und in 208 m Höhe liegt die Ruine des 1502 von Franziskanermönchen gegründeten Waldklosters am Jostberg. Ein Kirchenschatz, die »Schwarze Madonna«, ist heute in der Bielefelder Jodokus-Kirche zu besichtigen.

Auch die durchwanderten Ortschaften Einschlingen und Zweischlingen haben Geschichte: Man stellte gleich mehrere Schlagbäume (»Schlingen«) zur Wegzollentrichtung für vorbeifahrende Fuhrwerke auf. Schließlich mussten Händler diese Handelsstraße zur gut gehenden Kaufmannsstadt Bielefeld passieren. Ein einfallsreicher Zollbeamter funktionierte anno 1835 seine Arbeitsstätte in ein Gasthaus um – die »älteste Gaststätte in (Bielefeld-) Quelle«, heute das Tagungshaus Zweischlingen, war aus der Taufe gehoben. Dasselbe in Einschlingen. Auch dort bis in die 80er-Jahre ein Ausflugslokal, heute eine Begegnungsstätte für kleine und große Gruppen. Knapp oberhalb des Hauses Zweischlingen zieht sich eine schützende Landwehr in Form eines Doppelwalls bis zur Kuppe der »Hünenburg«

*Bielefelds Sparrenburg – oft belagert, nie gestürmt.*

**Comfort Garni Hotel Stadt Bremen**

Zentral in Bahnhofsnähe und doch nur 50 m von der Teuto-Senne-Radroute (»BTS«) entfernt liegt das wandererfreundliche Hotel Stadt Bremen. Alle Hotelzimmer sind modern und komfortabel ausgestattet. Besonderer Service: Lunchpakete, Diät- und Schonkost; Tiefgarage f. Fahrräder, Fahrradverleih.
**33602 Bielefeld, Bahnhofstr. 32; Tel. 05 21/5 21 98-0, Fax -113; www.comfort-garni.de; 46 Zimmer ●/●●**
CREDIT

*Die Cherusker unter Arminius schlagen die 17.– 19. römische Legion unter Varus im Teutoburger Wald. Gemälde von Friedrich Gunkel (1819–1876) im Maximilianeum in München.*

mit Aussichtsturm (302 m). Etwa 500 m geht's an der zweispurigen Bundesstraße gen Westen, der Radwanderweg verläuft sicher am Straßenrand.

**Die große Schlacht**
Von Borgholzhausen im höheren Teutoburger Wald kommend, verläuft in Richtung Bielefeld und weiter bis zum Hermannsdenkmal zugleich der Hermannsweg, ein wunderbarer Höhenwanderweg, benannt nach Hermann, dem Cherusker. Eben in dieser Region fand im Jahre 9 n. Chr. eine überaus weltbewegende Schlacht statt: Hermann, auch als Arminius bekannt, verteidigte just hier in der »Schlacht am Teutoburger Wald« durch den Sieg über drei römische Legionen das germanische Reich vor den mediterranen Eroberern.

### Dreischlingen ···› Brockhagen

Nach Ein- und Zweischlingen folgt der dritte Schlagbaum Dreischlingen. Die Siedlung Buschkamp, vis-à-vis und leicht talwärts gelegen, erreicht man ebendort durch Überqueren der B 68 (Höhe Fortunastraße). Noch immer folgt man, am Campingplatz vorbei, dem R 3. Am Tennisplatz, der schon zu Steinhagen gehört, orientiert man sich nun westlich zum Waldbad hin, auf das schon der Straßenname hinweist. Rechterhand zieht sich kilometerweit der Bergkamm des »Teuto«, wie Einheimische ihren Höhenzug nennen, entlang; den Palsterkamper Berg sieht man bis zur Schwedenschanze (306 m).

Doch unsere Route verläuft am Fuße des Höhenzugs, zunächst weiter auf dem R 3. Nach Niedersteinhagen werden die Bahnschienen passiert, dann für ca. 1200 m der Upheider Weg. Für die Wanderung verlässt man die ausgeschilderte Radroute und geht weiter auf dem Upheider Weg quer durch den Wald. Am Ende geht dieser wieder in den Radwanderweg Teutoburg-Senne (»BTS«-Beschilderung folgen) über und wird zur Patthorster Straße.

Die Patthorst, im Volksmund »grüne Lunge des Kreises Gütersloh« genannt, ist ein weitläufiges Waldgebiet, die Schlossanlage Patthorst ein ehemaliges

Rittergut. Heute ist das Gutsschloss leider nicht mehr öffentlich zugänglich, da in Privatbesitz.

Knapp unterhalb des Schlosses biegt links ein Waldweg, »Schwarzes Feld«, ein, der mitten durch die »grüne Lunge« verläuft und eine hervorragende Alternative zur gut asphaltierten Patthorster Straße bietet; beide Wege führen ins knapp 3000 Seelen zählende Örtchen Brockhagen (2,3 km).

Das Glockenspiel der Brockhagener Pfarrkirche St. Georg im Zentrum des beschaulichen Ortes kann auf eine turbulente Geschichte zurückblicken. Die Kirche, schon 1568 erbaut, läutete bis 1897 in »h1«, nachdem ein Glockengießer aus Witten die gesprungene alte Bronzeglocke umgoss. Hinzu kamen zwei Glocken aus der Glockenstadt Apolda (⇢ S. 63). Diese jedoch wurden im Ersten Weltkrieg zu Munition verarbeitet; die alte Glocke mit der Inschrift »Ehre sei Gott in der Höh'« wurde nach Pommern verkauft.
**33803 Brockhagen, Gemeindebüro Ev.-luth. Kirchengemeinde, Lutherstr. 11; Tel./Fax: 05204/80125; Heimatverein Brockhagen, Herr Ordelheide, Sandforther Straße 96; Tel. 05204/4473**

Wir sind nun gut 15 km südwestlich von Bielefeld, bis zur Klosteranlage Marienfeld sind noch 7 km zu wandern. Es geht weiter leicht bergab, durch viele Felder und Wiesen führen uns überwiegend Wirtschaftswege. Der einfachere Weg von Brockhagen nach Marienfeld verläuft über Sussiek, hier ist wieder der Alte Hellweg »BHW« ausgeschildert.

*Nette Begegnung am Wegesrand mit vierbeinigen Wolllieferanten.*

### Brockhagen ⇢ Kloster Marienfeld

Wer eine einsame Wanderung wagen mag, geht mitten durch die »Beller Mark«. Von der St.-Georg-Kirche (Lutherstraße) ausgehend sucht man zunächst die etwas nordwestlich gelegene Fröbelstraße, folgt dieser, geht am Ortsausgang vorbei, dann am Ende beim Gehöft kurz links herum in die Abrookstraße. Diese verläuft gut 1200 m geradeaus, in der Mitte einer Lindenallee weist der Weg rechts nach Vennort. Bei den zwei gegenüberliegenden Gehöften links halten (»Am Kottenteich«), der Weg verläuft neben dem Wald auf südlicher Seite. Am Hof »Prüske Egge« vorbei, die erste Gelegenheit nach dem Abrooksbach links. Über die Felder vom Bauer Wienke gelangt man – bei guter Orientierung – an die geteerte Straße »Im Vechtel«. Es geht tatsächlich ordentlich querfeldein, und die Straßennamen sind nicht immer ersichtlich. Doch diese Route zu verfolgen bedeutet auch schon so gut wie am Ziel zu sein. Bei Sicht verfolgen Sie nun die Beschilderung der »Wellnessradroute« bzw. der Route »16« in Richtung Marienfeld, die durch Randgebiete des Remser Brooks führt.

Der Klosterort im Münsterland ist nicht zu verwech-

**Hotel Klosterpforte**
Hinter der Klosterpforte betreibt in den historischen Klosterräumen seit mehr als 50 Jahren Familie Frie ihr nun frisch renoviertes exklusives Hotel – im Sommer 2006 besonders bekannt durch den Aufenthalt der portugiesischen Fußball-Nationalmannschaft während der Fußball-Weltmeisterschaft.
**33428 Marienfeld, Klosterhof 2–3; Tel. Tel. 0 52 47/70 80; www.klosterpforte.de; 97 Zimmer, 23 Suiten**
●●●● CREDIT

seln mit dem Weltjugendtag-Pilgerort Marienfeld bei Köln, zu dem im Sommer 2005 mehr als eine Millionen Pilger kamen, um den Antrittsbesuch des Papstes Benedikt XVI. zu erleben. Nichtsdestotrotz ist Marienfeld ein überaus wichtiger Ort nicht nur für gläubige Menschen.

Marienfeld, Standort des gleichnamigen ehemaligen Zisterzienserklosters (1185), wird von nordwestlicher Seite aus Richtung Harsewinkel erwandert. Die Wadenhardstraße endet an der ringförmigen Bielefelder Straße. Rechterhand plätschert der Wöstenbach, der an der Kreuzung überquert wird. Wenige Meter weiter, der Ringstraße folgend und am Wäldchen vorbei, die Klosterstraße, rechts die Klosterpforte – ankommen im Herzstück Marienfelds – dem Klosterhof! Hier fließt übrigens die Lutter, trotz veränderter Schreibweise wohl nach dem Reformator benannt. Seit 2004 haben sich – nach 200 Jahren Abwesenheit – im Kloster wieder Mönche, jetzt Benediktiner, in den Wirtschaftsgebäuden niedergelassen, um hier zu leben und zu arbeiten. Die Klosterkirche, ein für diese Gegend einmaliges Gebäude in Backstein, verdient ganz besondere Aufmerksamkeit, vor allem die Orgel ist sehenswert.

*22 km lang ist die reizvolle Wanderung am Fuße des Teutoburger Waldes durch Wald, Wiesen und Felder von der Sparrenburg bei Bielefeld zum Kloster Marienfeld.*

CVJM
CVJM-Gästehäuser
In unseren Gästehäusern sind Freizeiten, Gruppen und Einzelgäste ...
Herzlich willkommen!
Haben Sie schon Ihr Gästehaus gefunden?
Der CVJM bietet Ihnen einen übersichtlichen Prospekt seiner Gästehäuser zum Planen und Auswählen für 2006.
Der handliche 32-seitige Prospekt kann kostenlos bestellt werden:
CVJM-Gesamtverband in Deutschland e.V.
Im Druseltal 8, 34131 Kassel
Telefon (05 61) 30 87-222
Telefax (05 61) 30 87-270
E-Mail versand@cvjm.de
www.cvjm.de

CVJM Häuser
Zwischen Himmel und Erde
Herzlich willkommen
in den CVJM-Gästehäusern
Der CVJM bietet Ihnen einen umfassenden Prospekt mit einer Übersicht seiner Häuser zum Planen und Auswählen.
Bei uns sind Freizeiten, Gruppen, Einzelgäste ... herzlich willkommen!
Haben Sie Ihr Gästehaus schon gefunden?
Den handlichen 32-seitigen Prospekt können Sie kostenlos bestellen:
CVJM-Gesamtverband
Materialstelle
Telefon (05 61) 30 87-222
Telefax (05 61) 30 87-270
E-Mail versand@cvjm.de
www.cvjm.de
CVJM-Gesamtverband in Deutschland e. V.
Im Druseltal 8 · D-34131 Kassel

# Pilgerweg 4 – Die Lutherroute

*Thüringen, des Reformators Lebens- und Schaffensraum. Sanft schmiegen sich die Wege durch hügelige Landschaften, die Wartburg immer am Horizont.*

Noch heute lassen sich die Wege des Reformators durch Mitteldeutschland nachvollziehen. Pilgern entlang der wichtigsten Stätten ist auch die Begegnung mit atemberaubenden Landschaften.

# Die Lutherroute

## Lutherstadt Wittenberg – Gräfenhainichen – Bitterfeld – Bad Düben – Leipzig – Naumburg – Apolda – Weimar – Erfurt – Gotha – Eisenach – Nationalpark Hainich (gesamt 313 km)

*Große Namen der deutschen Geschichte vereinen sich in der Marienkirche zu Lutherstadt Wittenberg: Martin Luther predigte häufig vom Altar Lucas Cranachs d.Ä.*

**VCH Luther-Hotel Wittenberg**

Behaglicher Ruhepol und zentrale Ausgangsbasis zugleich. Das neue Luther-Hotel hält neben 8 Tagungs- und Konferenzräumen auch einen Raum der Stille bereit. Tiefgarage im Hause.
**06886 Lutherstadt Wittenberg; Neustr. 7–10; Tel. 03491/458-0; www.luther-hotel-wittenberg.de; 160 Zimmer**
●●●/●●●●

Mit den Lutherstädten ist es ähnlich wie mit den Hansestädten – bei einer vollständigen Aufzählung bleibt selbst der Geschichtslehrer meist auf der Strecke. Da werden sieben, vielleicht noch acht genannt. Doch am Ende sind's noch einige mehr. Schon die Kaufleute des Mittelalters kannten sich mit funktionierenden Netzwerken aus. Es musste nur ein Fluss fließen oder ein Handels-, Heer- oder Hellweg vorbeiführen. Auch Sakralbauten, Pilgerströme und natürlich der Glaube an Gott gehörten dazu. Lutherstadt als Präfix des Glaubens – zwar können sich auch Worms und Magdeburg dieses Zusatzes bedienen, doch in **Eisleben**, **Wittenberg** und **Eisenach** lag der wahre Wirkungskreis **Luthers**.

Zurückgedacht ins Jahr 1505: Der junge Martin Luther, Köhlersohn aus Eisleben im Unterharz, ist auf dem Weg nach **Erfurt**, wo er Recht studiert. Luther ist zu Fuß über Land unterwegs, als ein fürchterliches Gewitter aufzieht. Ein Blitz verfehlt ihn nur knapp – ein Zeichen des Himmels? Kurze Zeit später beschließt er Mönch zu werden und ist schon im folgenden Jahr Priester – mit 23 Jahren. Später, als Doktor der Theologie, beginnt er am päpstlichen **Ablasshandel** zu zweifeln. Die eigene Interpretation der Bibel heftet er in Form von 95 Thesen an die **Schlosskirche zu Wittenberg**.

Seine Reformationsthesen finden im Volk regen Zuspruch, die römische Kirche jedoch verurteilt seine Ideen. Zum Rapport reist er in die (Luther-)Stadt **Worms** – ein Freispruch bleibt aus, aber in der **Wartburg** zu Eisenach findet der nun knapp Vierzigjährige unter dem Namen »Junker Jörg« Unterschlupf. In nur elf Wochen übersetzt er dort das Neue Testament aus dem Neugriechischen ins Ostmitteldeutsche – in einer kräftigen, bildreichen Ausdrucksweise, die für jedermann verständlich ist. Es braucht zehn Jahre, bis der Nürnberger Religionsfriede die Ausbreitung des Protestantismus ermöglicht, weitere zehn, bis die erste evangelisch-lutherische Kirche in (Lutherstadt) Torgau eingeweiht wird. Mittlerweile schreiben wir das Jahr 1544, Martin Luther und seine Frau **Katharina von Bora** sind wieder in (Lutherstadt) **Eisleben** ansässig, wo der große Reformator im Jahre 1546 stirbt, sechs Jahre vor seiner Gattin.

Statuen aus Bronze und Gemälde mit seinem Antlitz sind vielerorts zu sehen. Steht man jedoch in Lutherstadt **Wittenberg** vor dem dunklen, 22 Zentner schweren Eingangstor der Schlosskirche, wird die eigene Vorstellungskraft enorm beflügelt. Hier also hafteten die 95 Thesen, der junge Luther als eifriger Plakatierer. Ein Raunen geht durchs Volk, auch heute noch. Jetzt sind es viele Radler, die zur Besichtigung der gewaltigen Kirche mit dem hell patinierten Turm ihre fahrbaren Untersätze am Café gleich nebenan parken. Im Inneren die schwere Grabplatte, unter der Luthers Gebeine ruhen, und eine schier unendliche Kirchenhalle mit herrlichen Glasfenstern. Mittelalterliches Flair verbreitet das feine Kanalsystem der hübsch herausgeputzten Stadt – ein Muss für jeden Besucher auch die katholische Marienkirche. Hier hat der Reformator häufig vom Cranach-Altar aus gepredigt. In einer der Seitenkammern leuchtet ein imposantes biblisches Fresko von der Holzdecke. Sehenswert auch das einzigartige Rathaus und der Schauplatz der Reformation, das Bugenhagenhaus am Kirchplatz 10.

Wenn Martin Luther nach **Erfurt** ging, nahm er wohl den alten Königsweg »Via Regia«, die heutige »B 7«. Unsere Route lehnt sich daran an. Ebenso verläuft hier der gut ausgeschilderte »**Ökumenische Pilgerweg**«. Dieser Weg empfindet den **Jakobsweg** auf der **Via Regia** von Görlitz/Sachsen bis Vacha/Thüringen nach – auf dem Weg Richtung **Santiago de Compostela**.

**Lutherstadt Wittenberg**
18 km
**Gräfenhainichen**
22 km
**Bitterfeld**
23 km
**Bad Düben**
35 km
**Leipzig**
62 km
**Naumburg**
30 km
**Apolda**
18 km
**Weimar**
25 km
**Erfurt**
25 km
**Gotha**
25 km
**Eisenach**
30 km
**Nationalpark Hainich**

# Wanderung durchs Weinland von Naumburg nach Apolda

**Naumburg – Kloster Schulpforte – Bad Kösen – Fränkenau – Lißdorf – Eckartsburg Eckartsberga – Apolda**

**Charakteristik:** Durch Berg und Tal auf Schusters Rappen; Stadtrundgang durch Naumburg mit Dom, Wanderung durchs Saaletal über Bad Kösen nach Eckartsberga, optional ins thüringische Kulturstädtchen Apolda; **Ausgangspunkt:** Historisches Zentrum Naumburg; **Dauer:** ca. 2–3 Tage; **Länge:** ca. 30 km; **Einkehrmöglichkeiten:** Gasthof zur Post, Naumburger Str. 4, Bad Kösen; **Karte:** → S. 63

### Abstecher nach Eisleben

Luthers Geburtsstadt ist mit ihrem mittelalterliche Marktplatz mit Rathaus und Nicolaikirche sowie den sanierten historischen Gebäuden einen Umweg wert.
Übernachten kann man im
VCH-Hotel
An der Klosterpforte
Das sehr ruhige, neue Haus liegt im Eingangsbereich des Klosterareals St. Maria zu Helfta. Ruhe und Erholung sind hier garantiert. Seniorenfreundlich.
**06295 Eisleben, Lindenstr. 34; Tel. 03475/7144-0, Fax 7144-100; www.klosterpforte.com; 44 Zimmer**
●●● EURO VISA

### Naumburg → Kloster Schulpforte

Eine gelbe Muschel auf blauem Grund – Gehen auf dem Jakobsweg! Dank der Jakobusinitiative Mitteldeutschland ist es möglich, sich schon ab dem 51. Breitengrad nach Santiago de Compostela auf den Weg zu machen, und das liegt ganze neun Breitengrade südlicher in Spanien.

Diese Reise kann bereits auf dem »Ökumenischen Pilgerweg« in Görlitz beginnen, der in knapp 50 Wegpunkten über 420 km durch Sachsen und Thüringen nach Vacha an der früheren deutsch-deutschen Grenze führt. Der Streckenverlauf ist der mittelalterlichen Via Regia nachempfunden.

Unsere Lutherroute berührt den Ökumenischen Pilgerweg auf der Strecke zwischen Domstadt Naumburg und Eckartsberga im Burgenlandkreis.

Aus Richtung Leipzig kommend führt die Via Regia als »Jakobstraße« durch das ehemalige Jakobstor direkt ins historische Zentrum Naumburgs. Auf blank poliertem Kopfsteinpflaster in engen Gassen kann man sich gut an den vier hellgrünen Türmen des Doms orientieren.

Dabei glänzt die Altstadt mit charmanten, teilweise historischen Wohnhäusern und ist umspannt von einem Ringfried mit ehemals sieben Stadttoren. Unter dichten Buchen und mit viel Efeu bewachsen erschließt sich dem Spaziergänger in einem Winkel der »Neumauer« ein alter, verfallener Friedhof. Die Stadtmauer mit den vielen Namen ist an diesem Ort aus denkwürdigem Material: Bruchstücke alter Grabplatten mit Inschriften. Dann kommt man im Verlauf hier an der Jakobsmauer und dort an der Marienmauer vorbei, und am filigran gemauerten Marientor – der letzten erhaltenen Toranlage des 15. Jh.

»Ganz nett hier« – nicht nur das Wandgeschreibsel an einer stillen Hausecke gibt dem Besucher eine Einstimmung auf Naumburg.

### Kirschfest der Hussiten

Alljährlich Ende Juni wird in Naumburg ausgiebig gefeiert. Hussiten belagerten bis 1432 die Stadt, sollen sich aber am Festtag des heiligen Jakobus zurückgezogen haben – und verteilten Kirschen an alle Kinder der Stadt.

Am Domplatz im Nordwesten schließlich, in verwittertem Sandstein und doch sehr elegant, ragt der Naumburger Dom St. Peter und Paul (1210–42) in den Himmel. Als wäre das ausdrucksstarke Figurenensemble der zwölf Stifterfiguren nicht Schönheit und Finesse genug, tut sich hier seit Juli 2006 der Untergrund mit Kostbarkeiten auf: Im Gewölbe des westlichen Naumburger Kreuzgangflügels werden erstmals seit Jahrzehnten einmalige Kunstgegenstände des Mittelalters vorgestellt. Ein Flügelaltar mit einem Cranach-Gemälde der Maria Magdalena etwa, oder die älteste europäische Abbildung »Johannes' des Täufers« auf einer Taufschale. Eine perfekte Ergänzung also für Uta, Ekkehard und ihre zehn steinernen Mitstifter.

**Naumburger Dom /Domschatzgewölbe, Domplatz 16/17; Tel. 0 34 45/23 01 10; März–Okt Mo-Sa 9–18 Uhr; Nov–Feb Mo–Sa 10–16, So ab 12 Uhr; Eintritt ca. 4 €/2 €**

Hinter dem Dom in westlicher Richtung führt der Weg nun zunächst an der Freyburger Straße (B 87, der offiziellen Via Regia) nach Almrich. Man richtet sich hier nach der blauen Pilgermarkierung. Vor allem am rechten Saaleufer erhebt sich das Weinland bis auf 250 m hinauf. Die Flussauen werden begleitet von reich blühenden Streuobstwiesen und bunten Feldern.

Dann schlängelt sich die Saale nach Bad Kösen, dem nächsten Wegepunkt. Auf halber Strecke dorthin steht das zwischen 1137 und 1150 von Zisterziensermönchen errichtete Kloster Schulpforte. Die Glaubensburg, zunächst als »St. Maria ad portam« bekannt,

### Elisabeth von Thüringen

Lange vor Luthers Zeit lebte die Heilige Elisabeth; 2007 jährt sich ihr Geburtstag zum 800. Mal. Aus diesem Anlass haben sich einige Tourismuszentralen zusammengeschlossen und die »Elisabeth-Card« ins Leben gerufen. Unter anderem auch alle Städte entlang unserer »Lutherroute« veranstalten Sonderausstellungen, die mit der Card vergünstigt besucht werden können.

**Info: www.thüringen-tourismus.de**

*Der Naumburger Dom St. Peter und Paul dominiert die Innenstadt. Das historische Zentrum Naumburgs mit seinen engen Gassen ist ebenfalls sehenswert.*

**Die klugen Köpfe von Schulpforte**

Das Romanische Haus Bad Kösen, seit 1955 als Museum zugänglich, ist eines der ältesten mitteldeutschen Wohngebäude und ein früheres Wirtschaftsgebäude des benachbarten Klosters Schulpforte. Unter anderem wurden dort Dichter und Denker wie Nietzsche und Klopstock ausgebildet. Unverzichtbar ist auch die Käthe-Kruse-Dauerausstellung.
**06628 Bad Kösen, Am Kunstgestänge; Tel. 034463/27668; April–Okt. Mo–Fr 10–12 und 13–17 Uhr; Sa, So 10–17 Uhr; Nov.–März bis 16 Uhr; ca. 2 €, erm. 1,50 €**

**Pilgerherberge**

In Eckartsberga hat das Pilgern langjährige Tradition, das mit wildem Wein bewachsene Gemeindehaus unter der evangelischen Kirche am Kirchberg wurde erst kürzlich fertig gestellt. Während der Renovierungsphase boten auch Bürger selbstlos ihr Domizil an – Dorfschmied Hähnert beherbergte schon bis zu 20 Pilger gleichzeitig in seinem Haus.
**Infos zur Pilgerherberge mit 5 Schlafplätzen, Dusche/WC und Aufenthaltsraum: Pfarrer Plötner-Walter; 06648 Eckartsberga, Kirchberg 176; Tel. 034467/20268**

wurde im Zuge der Reformation aufgelöst und zur Bildungsstätte umfunktioniert. Noch immer ist Kloster Schulpforte eine Internatsschule. Schon im Mittelalter legten die agrarkundigen Mönche den Grundstock des heute üppig bewachsenen Weinlandes südwestlich Naumburgs. Vielleicht ist es im Herbst am schönsten in der dann farbenfrohen Region. Regelmäßig im September wird auf dem Landesweingut Pforta das Fest der Weinlese gefeiert.

### Bad Kösen ···> Eckartsberga

Bad Kösen, der vielseitige Kurort auf 115 m Höhe, hat natürliche Heilquellen und rühmt sich seines milden Klimas. Die Stadtbrücke über die Saale führt geradewegs auf die Pfarrkirche zu. Zwar verläuft nach Eckartsberga weiterhin die B87, die »Straße der Romanik«, doch der Fleißige wählt die Variante über Fränkenau. Schräg gegenüber der Kirche geht es hinauf in die Hügel, am Waldesrand entlang. Der »Ilskeweg« bildet oben für einige Meter ein schönes Höhenpanorama über der Saale, wird dann zum »Hohlenweg« und geht durchs Dorf. Am Ende wird die Hauptstraße etwas links vom dörflichen Fußballplatz gequert, hier beginnt ein breiter Sandweg. Nur einen Katzensprung weiter ist die alte Via Regia wieder erreicht, ab hier läuft man links, begleitet von der Jakobsmuschel, erst 2 km nach Punschrau, nochmal 2 km ins Dörflein Spielberg. Ob es nun erhöhte Konzentration erfordert oder für größere Gelassenheit sorgt – die Dörfer hier auf dem Höhenzug ähneln sich (fast) zum Verwechseln. Zumindest hat jedes seine Kirche und seine »Dorfstraße«. Aber der Weg verläuft jetzt immer geradeaus, jeweils am nördlichen Ortsrand vorbei und an weitläufigen Feldern, die sommers mit duftendem Raps und Weizen bewirtschaftet werden. Auf Zäckwar folgt Benndorf, dann das ringförmige Lißdorf, durch das man sich in einer Links-Rechts-Kombination bewegt. Eckartsberga, mögliches Etappenziel an der Via Regia, ist von Lißdorf nur noch 3,5 km entfernt.

Der 1800-Seelen-Ort ist sanft in einen Talkessel gebettet und strahlt eine angenehme Ruhe aus. An der linken Flanke, auf dem Sachsenberg, steht die »Holländermühle« von 1831. Vielleicht war der Bauherr und Müllermeister weit gereist – mit ihrem großen, zehnspeichigen Windrad erinnert sie jedenfalls mehr an Portugal als an die Oranier.

Kurz darauf der Burghügel mit der 1000-jährigen Eckartsburg und herrlicher Fernsicht weit ins thüringische Land. Der hervorragende Zustand des Kastells mit Wohnturm und Palas ist einer zehnjährigen Initiative in den 1990er-Jahren zu verdanken; heute finden häufiger traditionelle Burgfeste, vor allem aber viele Eheschließungen auf der Eckartsburg statt.

### Eckartsberga ···> Apolda

Von Eckartsberga aus führt der Fußpilgerweg (gekennzeichnet mit Jakobsmuschel) auf Feldwegen durch mehrere Dörfer bis ins thüringische Buttelstedt an der Bier- und Burgenstraße. Verlässt man Eckartsberga über die Bundesstraße 87 (Via Regia), folgt nach 13 km die Kreisstadt Apolda. Über Reisdorf, Ransdorf und Wickerstedt lässt sich Apolda ebenfalls auf Wirtschaftswegen erreichen. Der Glockenschlag der Apoldaer Lutherkirche (1890–94) ist hausgemacht. Aber auch die gewaltige Sauer-Orgel und fünf farbenfrohe Kirchenfenster sind sehr sehenswert. Die Stadt ist berühmt für ihre Glockengießer-Manufakturen. Die Kirchenoberen aus Köln höchstselbst erteilten im Jahr 1923 Order ins Thüringer Saaleland: der »Decke Pitter«, größte der Kölner Domglocken, stammt aus dem traditionsreichen Apolda. Auch sonst verdient das hübsche Städtchen etwas Aufmerksamkeit. In der Bahnhofstraße lässt sich viel über die Geschichte der Glockengießerei, aber auch der Textilmanufakturen in der Stadt erfahren.
**Glockenmuseum Apolda; Bahnhofstraße 41; Tel. 0 36 44/ 65 03 31; Mai–Okt 10–18 Uhr, Nov–April 10–17 Uhr; ca. 2,50 €**

Das Kunsthaus hat eine Vorliebe für die Avantgarde. Hier stellten schon Man Ray und Karl Lagerfeld aus.
**Kunsthaus Apolda, Bahnhofstraße 42; Tel. 0 36 44/51 53 64; www.kunsthausapolda.de; Di–So 10–18 Uhr; ca. 4,50 €**

#### Olle DDR

Gleich neben dem Kunsthaus in Apolda werden Relikte der »Ollen DDR« zur Schau gestellt in einer charmant-rührenden Werksbaracke (noch gar nicht so lange) vergangener Zeiten. Origineller Wegbegleiter ab hier: das wild geblümte Original von »Muttis Einkaufsbeutel« für nur 1,97 €.
**Olle DDR, Bahnhofstraße 42; Tel. 0 36 44/55 36 22; April–Okt Di–So 10–18, Nov–März bis 17 Uhr; Eintritt ca. 1,50 €**

*30 km von Naumburg nach Apolda kann man bequem wandern.*

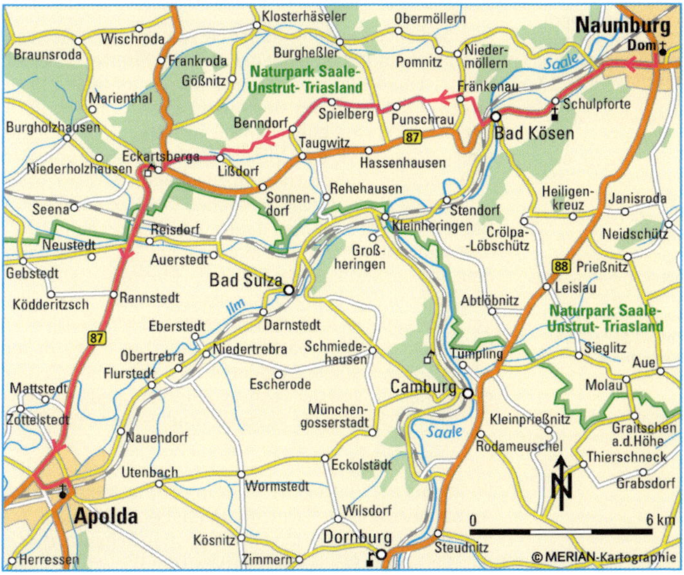

# Autofahrt von Erfurt über die alte Via Regia in den Hainich

## Erfurt – Gotha – Eisenach – Nationalpark Hainich

**Charakteristik:** Kulturhistorische Autofahrt entlang der »Städteperlenkette« Thüringens und der pittoresken Landstraße B 7 nach Eisenach; optional Besuch des Nationalparks Hainich; **Ausgangspunkt:** historische Altstadt Erfurt, Krämerbrücke; **Dauer:** ca. 2–3 Tage; **Länge:** 50; optional 80 km; **Einkehrmöglichkeiten:** Wirtshaus Christoffel, Michaelistraße, Erfurt; **Karte:** ⇢ S. 67

Der Weg ins 50 km westlicher gelegene Eisenach muss nicht unbedingt per pedes zurückgelegt werden, um den Hauch der Historie zu spüren, der über dem Land liegt. Während einer Autofahrt entlang der so genannten Städteperlenkette bieten sich unvergessliche Ausblicke und Eindrücke. Trotzdem gibt es auch hier einen mit der Jakobsmuschel gekennzeichneten Fußweg des »Ökumenischen Pilgerweges«.

Der alte Handels- und Heerweg nennt sich heute schlicht »B 7« und verläuft insgesamt von Sachsen über Thüringen und Hessen bis an die holländische Grenze. Zwischen Erfurt und Eisenach allerdings folgt die B 7 dem historischen Verlauf der »Via Regia« – des Königswegs.

### Erfurt

Aus östlicher Richtung führt die Leipziger Straße, von der Jakobsmuschel begleitet, in die Erfurter Altstadt hinein. Einen Stadtspaziergang durchs mittelalterliche Erfurt könnte man an der historischen Krämerbrücke beginnen. Das mit hübschen Fachwerkhäusern bebaute einzigartige Werk des frühen 14. Jh. ist auch von der rückwärtigen Seite schön anzusehen, die Gera plätschert hier flach durchs Städtchen. An Fischmarkt und Rathaus vorbei läuft man dann zur Severikirche (13. Jh.) und dem monumentalen Mariendom. Mit Glück kann man hier der »Königin der Glocken – Gloriosa« beim Läuten zuhören. Die Landeshauptstadt ist noch immer eine gut frequentierte, lebhafte Universitätsstadt, ein frischer Wind weht durch die Gassen und hübschen Cafés. In der »Engelsburg«, einem Studententreff, soll schon Luther getagt haben. Von der Festung Petersberg aus schließlich überblickt man die gesamte Stadt – herrlich!

### Erfurt ⇢ Gotha

Weiter auf der Via Regia in Richtung Gotha. Kurz vor dem Autobahnzubringer Erfurt-Bindersleben (Flugplatz Erfurt) liegt links in der Höhe das Dörfchen Schmira, durch das der Jakobsweg vor dem Ausbau der B 7 verlief. Einer

#### Augustinerkloster zu Erfurt

Zu Fuß muss Martin Luther von Wittenberg durchs Saaleland bis nach Thüringen gegangen sein, um der Rechtswissenschaften an der Universität zu Erfurt kundig zu werden. Nach einem denkwürdigen Gewitter dankte er Gott, indem er das Mönchsgelübde ablegte – im Erfurter Augustinerkloster.
Heute ist das evangelische Kloster eine Begegnungs- und Tagungsstätte mit Übernachtungsmöglichkeiten.
**99084 Erfurt, Augustinerstr. 10; Tel. 03 61/57 66 00; www.augustinerkloster.de; 51 Zimmer** ●●

#### CVJM-Herberge Erfurt

Nach einem langen Tag per pedes mag man gern ins gemachte Bett fallen. Umso schöner, wenn es in angenehmer Atmosphäre und nicht allzu kostspielig ist. Die Herberge des CVJM ist ein Selbstversorgerhaus in zentraler Lage, sogar eine Kegelbahn steht zur Verfügung.
**99089 Erfurt, Gerberstraße 14 a; www.cvjm-thueringen.de, Tel. 03 61/26 46 50; 17 Betten** ●

kommunalen Initiative ist es zu verdanken, dass kürzlich zwei dort stehende historische Steinkreuze wieder hergerichtet wurden. Eines davon, der »Lukas«, hat seinen Namen vom dritten Evangelium. Beim Umschreiten ihrer Gemarkungen lasen die Bürger einst Texte aus dem von Luther übersetzten Neuen Testament vor – hier aus dem Lukasevangelium. Gleich nebenan lädt ein kleiner Rastplatz zum Blick ins Thüringer Kernland ein.

Die Alleestraße verläuft ab hier fast schnurgerade 25 km bis Gotha, bis links der Große Seeberg (409 m) aufragt. Nach einem kleinen Linksknick im Vorort Siebleben geht's geradewegs ins Zentrum der hügeligen Residenzstadt.

Schloss Friedensstein ist Wahrzeichen und erste Adresse vor Ort; in den frühbarocken und herrschaftlich begrünten Schlossanlagen, unter Herzog Ernst dem Frommen Mitte des 17. Jh. in nur neunjähriger Bauzeit errichtet, beherbergt man die bedeutendsten Kunstgegenstände Thüringens.

Für eine ausgiebige Besichtigung sollte man sich gute zwei Stunden Zeit nehmen. Martin Luther predigte 1515 im hiesigen Augustinerkloster und wohnte zeitweilig in Gotha. Auch Persönlichkeiten wie Lucas Cranach, Schauspielpionier Ekhof und der frühe Pädagoge Andreas Reyher lebten in der denkmalgeschützten Altstadt.

**»L« wie Luther**

Eine authentische Wanderung mit informativen Schautafeln entlang des 17 km langen »Martin-Luther-Wegs« lockt jeden zweiten Sonntag im Mai Naturfreunde zur Fuß-Passage auf den Rennsteig. Betörende Aussichten über Thüringer Wald und Rhön sowie das legendäre »Nierensteinwasser Luthers« aus dem Dambachsborn gibt's gratis dazu. Alleinwanderer: werktags um 8.30 Uhr fährt ein Bus nach Tambach; von dort wird der mit einem »L« gekennzeichnete Weg zurückgelaufen. **Infos: www.tourismus.schmalkalden.de/martin-luther-wanderweg.html**

*Erfurt, Landeshauptstadt Thüringens, lebhafte Universitätsstadt mit mittelalterlichem Stadtkern und beeindruckendem Mariendom: immer einen Besuch wert!*

*Der Natur aufs Dach steigen: Baumkronenpfad Hainich.*

### Gotha ···> Eisenach

In gleicher Distanz wie von Erfurt, jedoch auf kurviger Straße an den pittoresken Hörselsbergen vorbei, geht's nun bis nach Eisenach, hinauf zur Wartburg. Sattgelb leuchten Rapsfelder, und die zweispurige Asphaltstraße macht hier richtig Spaß. Durch Teutleben und Mechterstädt windet sich die B7 nun auch fürs Auge deutlich in Richtung Thüringer Wald. In Sättelstädt fährt man unter der Dresdenautobahn A4 hindurch, um gleich danach wieder gemütlich die Allee nach Eisenach zu genießen. Die Berge zur Linken wachsen immer weiter empor, der höchste ist der Große Inselsberg mit knapp 920m. Doch der auffällige Riese mit dem Wetterturm auf der Spitze liegt schon mitten im Thüringer Wald.

In Eisenach verlässt man die B7 schließlich, quert die Bahnschienen und richtet sich nach den Schildern zur Wartburg. Durch die Altstadt Eisenachs schlängelt sich schließlich die Wartburgallee bergauf durch dichten Wald. Bei Sonnenschein leuchtet die Burganlage patinagrün, das große Kreuz auf dem »Bergfried« weist golden den Weg. Doch unten im Städtchen lohnen sich noch Besuche des Bachhauses, der Reutervilla und selbstredend des 500 Jahre alten Lutherhauses. Besonders pittoresk: Das »Schmale Haus« am Johannisplatz 9 ist mehrstöckig, hat aber nur 20qm Wohnfläche.

In einer Kammer dort oben auf der Wartburg saß einst der als »Junker Jörg« getarnte Martin Luther und übersetzte flinker Hand die Heilige Schrift. Nur elf Wochen benötigte er für die Vorlage seiner Luther-Bibel, aus der auch das gemeine Volk verstehen konnte. Im Domizil der Heiligen Elisabeth war der Reformator damals untergekommen, einer Ludowingerburg aus dem 11.Jh. Das heutige Erscheinungsbild mit einem Gemisch aus dörflichem Fachwerk und stattlicher Festung wurde zwischen 1838 und 1890 geschaffen, heute gehört der Inbegriff einer Burganlage zum Weltkulturerbe der UNESCO.

**Mo–So 8.30–17 Uhr; geführte Besichtigungen der Burganlage 6,50/3,50€**

#### VCH-Hotel Haus Hainstein

Vis-à-vis der Wartburg und ebenso elegant thront seit über 100 Jahren Haus Hainstein, im hauseigenen Park ist eine kleine Kapelle errichtet. In einem der schönsten Hotels Deutschlands wird im wahrsten Sinne in gehobener Atmosphäre die Speisen getafelt – auch auf der Dachterrasse mit Blick zur Burg. Kirchliche Reisegruppen erhalten 20% Rabatt.

**99817 Eisenach, Am Hainstein 16; Tel. 03691/242-0, Fax -109; www.hainstein.de; 67 Zimmer ●●●**
CREDIT

### Eisenach ···> Nationalpark Hainich

Die Fernrohre auf der Wartburg sind meist zum Rennsteig im Thüringer Wald gerichtet – nach Südwesten. Die jüngste Attraktion deutscher Nationalparks liegt allerdings im Nordosten, und auch gar nicht fern – der Hainich. Hier darf totes Holz liegen bleiben, und zum Dank gibt es hier mehr Tierarten als irgendwo sonst. 453 Käferarten krabbeln und unzählige Vogelarten flattern auf einer Fläche von 7600 Hektar, deren Prämisse sagt:

»Natur Natur sein lassen«. Wanderer schaffen es, diesen mal moosig, mal süßlich duftenden Biotop in zwei Tagen zu durchwandern – es gibt 17 markierte Wege. Am schönsten soll es im Frühjahr sein – dann breitet sich teppichartig zwischen all den hohen Laubbäumen frischer, intensiv riechender Bärlauch aus. Info: www.nationalpark-hainich.de

Im Baumkronenpfad kann jeder dem Urwald aufs Dach steigen: Höhenängstler, Stadtkinder, Pilger, Rollstuhlfahrer (per Fahrstuhl). Von der Aussichtsplattform in 44 m Höhe überblickt man das bunte Jahreszeitenland in alle Richtungen. Etwas weiter unten geht die »Piste« los, 300 äußerst interessante Meter gesicherter Holz-Stahlkonstruktion mit leichtem Gefälle quer durch die Vegetation – bis der Turm wieder erreicht wird. Man beobachtet Eichhörnchen, Vögel, Schmetterlinge und Waldkatzen – von den Wipfeln der hohen Bäume aus. Eine völlig neue Perspektive! Der Baumkronenpfad ist über Bad Langensalza (B 84) und Wandererparkplatz Thiemsburg zu erreichen.

**Öffnungszeiten: April–Okt. 10–19 Uhr; Nov.–März 10–16 Uhr.; ca. 6/5 €; Gruppen ab 15 Pers. ca. 4,50 €; www.hainichland.de**

Auf dem Weg von Eisenach Richtung Bad Langensalza verlockt an der Ostseite des Hainichs ein 2,5 km langer Spaziergang auf dem »Nachtigallenpfad« – gerade am Tagesrand trötet und trällert's hier in allen Tonlagen. (immer geöffnet)

### VCH-Hotel am Schlosspark

Ruhig und trotzdem zentral am Schlosspark von Gotha gelegen. Gepflegtes Haus mit freundlicher Atmosphäre.
**99867 Gotha, Lindenauallee 20; Tel. 0 36 21/4 42-0, Fax 4 42-4 52; www.hotel-am-schlosspark.de; 79 Zimmer ●●●●**
AmEx MASTER VISA

### Unterkunft im Park

Das liebevoll sanierte Schlosshotel Behringen ist ein hervorragender Ausgangspunkt für Wanderungen im Nationalpark.
**99947 Behringen; Hauptstraße 98; Tel. 0 36 2 54/8 50 90; www.schlosshotel-behringen.de; 25 Zimmer ●●**

*50–80 km Autotour durch liebliche Landschaft mit viel Kultur.*

# Pilgerweg 5 – Die Klosterroute

*Auf den Spuren der modernen Gesellschaft: Abteien wie Kloster Schäftlarn waren Keimzellen von Siedlungen, Orte des Wissens, Horte des Glaubens.*

Bayern ist reich an Klöstern, Seen und reizvollen Landschaften. Für Pilger auf ihrem Weg waren die Abteien schon von jeher Etappenziel – sie gewährten Unterkunft und eine warme Mahlzeit.

# Die Klosterroute

## Nürnberg–Regensburg–Landshut–Freising–München–Kloster Schäftlarn–Wessobrunn–Peißenberg–Steingaden-Wies–Bernbeuren–Marktoberdorf–Kempten–Weiler–Lindau (gesamt 468 km)

*Naherholung wird in München wörtlich genommen: Die Auen der Isar, die mitten durch die Stadt fließt, bieten Kiesstrand, Wanderpfad und Naturidyll für alle.*

**Freisinger Dombergmuseum**
Das weltweit zweitgrößte kirchliche Museum präsentiert christliche Kunst aller Epochen – u. a. mit Werken von Polack, Cranach und Tiepolo. **85354 Freising, Domberg 21; Tel. 08161/48790; www.dioezesanmuseum-freising.de; Di–So 10–17 Uhr; ca. 2 €**

Wie ein fein gewobenes Spinnennetz ziehen sich die mittelalterlichen Pilgerwege über das ganze Land. Die drei Hauptrouten im Süden »müssen« auf ihrem Weg nach **Santiago de Compostela** die Alpen überwinden. In Bayern bietet sich dem Pilger eine Alternative: Statt den uralten Weg von **München** über **Benediktbeuern** zu nehmen und via Innsbruck und Italien das Bergmassiv zu bewältigen, führt eine Tour von Bayern an den Bodensee und per Fähre in die Schweiz.

Die Klosterroute verbindet traditionsreiche bayerische Städte wie Nürnberg, Regensburg, Landshut, Freising und München mit den reizvollen und abwechslungsreichen Landschaften in Franken und Oberbayern, im Allgäu und am Bodensee.

Die Reichsstadt **Nürnberg** – erstmals als »Norenberc« im Jahr 1050 erwähnt – blickt auf eine bewegte jahrhundertealte Geschichte zurück: Ihr Aufstieg hing einerseits mit dem stetig wachsenden wirtschaftlichen und militärischen Ansehen zusammen, andererseits mit ihrer Bedeutung als Wallfahrtsort. Die Überlieferung berichtet vom Heiligen **Sebaldus**, einem mutmaßlich dänischen Königssohn, der auf dem Rückweg von einer Pilgerfahrt nach Rom eine wunderbare Speisung erhalten haben soll. Er löste daraufhin die Verlobung mit einer französischen Prinzessin, um fortan als Prediger zu wirken. Sebaldus ließ sich als missionarischer Einsiedler im fränkischen Reichswald nieder und soll – so heißt es – »verlorene Seelen« gerettet und Eiszapfen in Brennholz verwandelt haben.

Nach seinem Tod im Jahr 1070 – so die Legende weiter – sollen sich Ochsen selbstständig vor den Karren gespannt haben, um den Leichnam nach Nürnberg zur Beisetzung in der Peterskirche zu bringen. Im 13. Jh. errichteten die Bürger über seinem Grab die Sebalduskirche. 1425 wurde er heilig gesprochen und wird noch heute als Patron der Stadt verehrt.

Knapp 90 km südlich von Nürnberg liegt **Regensburg**, dessen historischer Kern mit seinen gotischen und romanischen Bauten als größte mittelalterliche Altstadt in Deutschland gilt. Der Bischofssitz an der Donau war bis 1806 Tagungsstätte des »Immerwährenden Reichstags«, der Ständevertretung des Heiligen Römischen Reiches deutscher Nation. Der Regensburger Dom St. Peter – Heimat der Domspatzen – ist als bedeutendster Bau der süddeutschen Gotik weit über die Grenzen der Stadt hinaus bekannt.

Nur einen Steinwurf entfernt liegt die Neupfarrkirche. Der gleichnamige Platz war einst Zentrum einer der größten jüdischen Gemeinden Deutschlands. 1519 zerstörten die Regensburger diesen Teil ihrer Stadt und vertrieben deren Bewohner. Anstelle der romanischen Synagoge errichteten sie ein katholisches Gotteshaus und eine Marienfigur. Die Kirchenoberen organisierten eine »Wallfahrt zur schönen Maria« – und so entwickelte sich Regensburg innerhalb von drei Jahren zum größten Wallfahrtsort in Europa. Doch allzu lange hielt der Boom nicht an: Nach der Reformation trat die Stadt 1542 zur evangelisch-lutherischen Kirche über.

Über **Landshut** und **Freising** führt die Route in die bayerische Landeshauptstadt. Der Münchner **Jakobsweg** ist dank der Initiative engagierter Pilger seit 2003 ausgeschildert und mittlerweile auch von der Deutschen St. Jakobus-Gesellschaft anerkannt. Er führt durch reizvolle Gegenden, deren Schönheit zweifelsohne dazu beigetragen hat, **Bayern** zum beliebtesten Tourismusziel in Deutschland zu krönen.

# Von München an den Ammersee

## München–Pullach–Kloster Schäftlarn–Starnberg/ Starnberger See–Kloster Andechs–Herrsching–Schondorf–Dießen

**Charakteristik:** Abwechslungsreiche, gut zu bewältigende Wander- und Fahrradtour, vorbei an Baudenkmälern und Naturschönheiten. **Anfahrt:** München ist mit allen Verkehrsmitteln optimal zu erreichen. **Dauer:** 1–2 Tage **Länge:** 53 km. **Einkehrmöglichkeit:** Gaststätte Zum Flaucher (Isarauen 8, München; Tel. 089 / 7 23 26 77); Gaststätte Brückenwirt (An der Grünwalder Brücke 1, Pullach; Tel. 089/7 93 01 67); Klosterbräustüberl (Kloster Schäftlarn 16; Tel. 0 81 78/36 94); Maisinger Seehof, Seestr. 14, Maising; Tel. 0 81 51/74 42 42); Andechser Bräustüberl (Bergstr. 2, Andechs; Tel. 0 81 52/376-0 **Karte:** ⟶ S. 80/81

**Startpunkt der Route**

Die S-Bahnlinien S 1, S 2, S 4, S 5, S 6, S 7 und S 8 passieren die Stationen Isartor und Rosenheimer Platz. Von dort sind es etwa 600 m bis zur Isar. Die letzte Haltestelle verfügt zudem über einen Lift, um barrierefrei nach oben zu gelangen.
Der Münchner Verkehrs- und Tarifverbund bietet an seinen Infopoints sowie im Internet einen Verkehrslinienplan, der den behindertengerechten Ausbau der Stationen anzeigt. **www.mvv-muenchen.de (unter MVV-Netz)**

### München ⟶ Pullach

München, so heißt es im MERIAN-Magazin zur bayerischen Landeshauptstadt, könne man nur hassen oder lieben. Es ist Stadt und Dorf zugleich, gibt sich weltmännisch, aber auch provinziell. Der Münchner selbst liebt seine Stadt, nörgelt aber ständig an ihr herum. Wie lebenswert die bayerische Hauptstadt ist, zeigt eindrucksvoll der Pilgerweg an den Ammersee, der an der Isar entlang zu zwei berühmten Klöstern und in das Fünfseenland führt.

Kaum vorstellbar, dass die heute ruhig und friedlich dahinfließende, hie und da Kiesbänke umspülende Isar von den Kelten noch »die Reißende« genannt wurde. Doch über die Jahrhunderte hat sich der Mensch den Fluss untertan gemacht, ihm die Ecken, Kanten und Windungen genommen und sein Wasser dem Walchenseekraftwerk zugeführt. Früher schoss die Isar nahezu ungehindert durch München, steile Ufer hinderten die Bewohner sie so zu nutzen, wie man sie heute dank der zahlreichen »Isar-Pläne« vorfindet und als ganz »natürlich« empfindet: Ein »Lustwasser«, in dem gebadet und geangelt wird, an dessen wilden Stellen sich Surfer in Standhaftigkeit üben und auf dessen Inseln ausgelassene Partys gefeiert werden.
Östlich der Isar liegen die einst »niederen« Gemeinden Haidhausen, Au und Giesing, die erst Mitte des 19. Jh. eingemeindet wurden. Auf dieser Seite der Ludwigsbrücke beginnt die Pilgertour. Bereits 1158 ließ Heinrich der Löwe hier eine Verbindung über den Fluss errichten, um den Salzhandel in seinen Machtbereich umzuleiten. Unterhalb der Brücke führt der Weg an den Isarauen entlang, einem der beliebtesten Naherholungsgebiete der Münchner Stadtbevölkerung. Bei schönem Wetter

gleichen die Wiesen den eng belagerten Liegeflächen eines Freibads: Hier wird – auf Badetuchfühlung – gesonnt und gebadet, gespielt und gelesen. Familien stellen Tische und Stühle für ein Picknick auf, Mädchen spielen Federball, Jungs treffen sich nach der Schule auf einen Kick, Geschäftsleute mit Krawatte und hochgekrempelten Hosen suchen Entspannung und Abkühlung in der Mittagspause. Auf den Fahrrad- und Fußgängerwegen in diesem Teil der Tour tummeln sich Spaziergänger, Jogger, Mountainbiker und Inlineskater. Mit ein wenig Gelassenheit kann man diesem Abschnitt dennoch etwas Kontemplatives abgewinnen – als genüsslicher Beobachter anderer Leute Müßiggang. Kumulationspunkt ist meist der etwa 2 km südlich der Ludwigsbrücke gelegene »Flaucher«, gut erkennbar an den Schornsteinen des Heizkraftwerkes Süd. Benannt ist dieser Abschnitt der Isar nach dem gleichnamigen Wirt, der in den Anlagen 1870 in einem ehemaligen Forstshaus eine Gaststätte eröffnete. Wer bereits hier eine Pause machen möchte, um den schattigen Biergarten zu genießen, sollte zuvor am Kraftwerk über die Brudermühlbrücke auf die andere Seite der Isar wechseln. Unter den Top 5 der schönsten Biergärten Münchens ist der Flaucher fast immer vertreten. Nahezu 2000 Gästen finden im Biergarten Tisch und Bank und dennoch hat man bei schönem Wetter oft Mühe, einen Platz zu finden. Die Küche wartet mit klassischen bayerischen Schmankerln wie Schweinsbraten mit Reibeknödel oder Schweinefilet in Pfeffersauce auf. Nicht zu vergessen: Das Lieblingsgetränk der Bayern ist als Pils, Helles,

**CVJM München Jugendgästehaus**

Im Herzen Münchens gelegen, nahe des Stachus', ist das Jugendgästehaus auch für Erwachsene ein preiswerter Anlaufpunkt für eine Stadterkundung mit Übernachtung. Übrigens: Unverheiratete Paare können kein gemeinsames Zimmer belegen.
**80336 München, Landwehrstraße 13; Tel. 089/55 21 41-0, www.cvjm-muenchen.org/hotel; 36 Zimmer**
● VISA MASTER

*Zum Flaucher: Der Biergarten, lauschig unter Schatten spendenden Bäumen gelegen, zählt zu den bekanntesten und beliebtesten in München.*

Dunkles und als Weißbier zu bestellen sowie in den Varianten Radler, Russ (Weizenbierradler) und alkoholfrei. **Isarauen 8; Tel. 089/7232677; U-Bahn: Brudermühlstraße; Sommer: Di–So 11–18, Winter: Sa, So 11–18 Uhr; Biergarten: bei schönem Wetter ganzjährig geöffnet** ●

**Tierpark Hellabrunn**
Der erste Geo-Zoo der Welt liegt direkt an der Pilgerroute östlich der Isar. Der Park präsentiert seine Tiere gemäß ihrer Herkunft, nicht ihrer Art. Neben Affen und Wildkatzen gehört eine Nacktmull-Kolonie zu den Attraktionen. Diese kleinen, zugegebenermaßen hässlichen Sandgräber leben normalerweise in unterirdischen Bauten, können im Zoo aber in Plexiglasröhren betrachtet werden. **81543 München, Tierparkstr. 30; Tel. 089/62508-0; www.zoo-muenchen.de; Apr.–Sept. 8–18, Okt.–März 9–17 Uhr; ca. 9 €**

Es lohnt es sich, auch nach einer Jause weiterhin an der östlichen Seite der Isar zu bleiben. Die Strecke führt an der Thalkirchner Brücke und dem Tierpark Hellabrunn vorbei zur Marienklausenbrücke. 1866 hat Martin Achleitner, der Wassermeister der damals noch existierenden Schleuse, eine Holzkapelle am Hang errichtet: die Marienklause – gewidmet der Gottesmutter als Dank dafür, dass er mehrmals knapp dem Tod entronnen ist. Noch heute ist das Kapellchen Ziel von Marienprozessionen.

Die stählerne Großhessenloher Brücke, die der Marienklause im weiteren Verlauf der Route folgt, bietet in 31 m Höhe eine schöne Weitsicht über das Isartal; man erreicht mit ihr bequem die Westseite des Flusses.

## Pullach ⟶ Kloster Schäftlarn

Je weiter die Pilgertour führt, desto ruhiger gestaltet sich das Umfeld. Hier begegnet man nur noch selten Freizeitsportlern, Spaziergängern und Sonnenhungrigen – übrig bleiben Wanderer und Radfahrer, die auf dem Isarradweg, fernab der Stadt, Ruhe und Entspannung suchen.

Wer auf seinem Pilgerweg die Großstadt meiden möchte, kann auch mit der S-Bahnlinie 7 bis Pullach fahren und dort seine Tour beginnen. Vom Bahnhof geht es zunächst rechts Richtung Kirche und nach wenigen hundert Metern führt ein ausgeschilderter Wanderweg hinab zur Isar. Radler fahren noch etwas weiter, um die asphaltierte Abfahrt zu nehmen.

*Ziel von Prozessionen: die Marienklause an der Isar.*

Am Isarufer lockt schon nach etwa 1 km eine idyllische Einkehr: Die Gaststätte Brückenwirt, direkt an der Grünwalder Brücke gelegen, offeriert eine gutbürgerlich-bayerische Küche mit großem Biergarten und ist ein beliebtes Wochenendziel Münchner Ausflügler.

Auf der anderen Seite der Brücke thront hoch über der Isar das Wahrzeichen Grünwalds, die Burg mit der weißblauen Fahne. Hier lebte bis zu seinem Tod 1999 der bekannte Dirigent und Intendant August Everding. Daneben liegt die Pfarrkirche St. Peter, die erstmals im 13. Jh. errichtet wurde. Heute dient der gotische Bau als Gedenkstätte der Gefallenen.

Sehenswert sind unter anderem ein Fresko der Apokalypse aus dem Mittelalter sowie eine Madonna mit Kind, die um 1600 entstanden ist.

*Vertrauen in ein seit vielen Jahrtausenden bestehendes Gestein: Das Schottersteinkonglomerat im Buchenhain bietet ein ideales Übungsgelände für Kletterer.*

Wenige hundert Meter hinter dem Brückenwirt weist die Jakobsmuschel den richtigen Weg zum nächsten Etappenziel: Kloster Schäftlarn, das noch etwa 5,5 km Luftlinie entfernt liegt.

Naturliebhaber mögen sich für eine kleine geologische Exkursion entscheiden – in den Klettergarten Buchenhain, auf den ein Schild verweist. Nach wenigen Metern ragt ein eindrucksvoller Schatz unter den vielen bayerischen Naturschönheiten auf: eine 100 m lange und bis zu 15 m hohe Felswand, die aus einem abgerundeten, aus der Eiszeit stammenden Schottergesteinkonglomerat besteht, auch Nagelfluh genannt. Sie dient als Übungsgelände für Bergsteiger und keine Geringeren als Erstbesteiger Anderl Heckmair (Eiger Nordwand) und Herman Buhl (Nanga Parbat) haben sich hier auf ihre Expeditionen vorbereitet.

Der weitere Weg zum Kloster kann bei feuchtem Wetter etwas unbequem werden: Die Route führt zwar nur kurzzeitig leicht hinauf in den Wald, um sogleich wieder zum Kraftwerk Höllriegelskreuth an die Isar hinunterzuleiten, der Weg ist dort allerdings nicht mehr asphaltiert, sondern sandig. Bei Nässe kann es hier schon mal morastig und schlammig werden. Von der Schranke an der Wehr darf man sich nicht irritieren lassen: Sie gilt nur Autos und Motorrädern.

Wenig später verweisen Schilder auf den Landschaftsschutz der kleinen Isarinseln und auf Vögel wie die Flussseeschwalbe, den Uferläufer oder den Regen-

**Gaststätte Brückenwirt**
Herrlich an der Isar gelegen, direkt hinter der Grünwalder Brücke, kann man im Sommer vom Biergarten aus häufig die Isarflöße beobachten, die mit Partymusik und Bier vom Fass ihre Kunden über den Fluss schippern.
**82049 Pullach, An der Grünwalder Brücke 1; Tel. 089/7930167; www.brueckenwirt.de;**
AmEx MASTER VISA
**tgl. 10–23 Uhr ●●**

### Jules und Jim

François Truffauts wunderbare Verfilmung »Jules und Jim« (mit Jeanne Moreau und Oskar Werner) basiert auf der wahren Begebenheit einer Dreiecksbeziehung: Helen Hessel lernt 1912 in Paris die befreundeten Schriftsteller Franz Hessel und Henri-Pierre Roché kennen. Helen heiratet Franz, Henri-Pierre wird ihr Geliebter. Truffaut versetzte das Geschehen nach Paris und in den Schwarzwald. In der Romanvorlage von Henri-Pierre Roché liegen die deutschen Schauplätze in München und Hohenschäftlarn.

pfeifer, die hier brüten. Beachtenswert ist aber auch der Georgenstein, ein nahezu 9 m hoher Felsen, der aufrecht aus dem Fluss ragt. Zu Zeiten des Römischen Reiches soll er den Pfeiler einer Brücke gebildet haben.

Es ist ein Ort zum Horchen, Sehen und Staunen. Vor allem im Frühjahr, wenn die Isar leichtes Hochwasser führt und sich hier rauschend am Felsen bricht. Der sonst eher träge und gemächliche Fluss lässt dann erahnen, welch gewaltige Kraft in seinen Fluten steckt.

Nach etwa 4 km – der Pilgermuschel folgend – beginnt der Aufstieg aus dem Isartal. Ungeübte Fahrradfahrer werden bei der nicht steilen, aber dauerhaften Steigung (ca. 7 km Wegstrecke) ins Schwitzen geraten. Aufatmen darf man am Waldparkplatz bei Hohenschäftlarn, von dem es nur noch etwa 2 km bis zum Kloster Schäftlarn sind. Radler wählen die Straße und genießen die erfrischende Bergabfahrt, Wanderer gelangen auf dem Waldpfad ans Ziel.

### Kloster Schäftlarn

Im Jahr 762 gründete der Adelige und Priester Waltrich auf seinem privaten Landbesitz und mit Hilfe seines Familienvermögens das Kloster und versammelte eine Gemeinschaft, die sich an den Grundsätzen der Benediktiner orientiert. Nach knapp 200 Jahren erlosch das

*Idyllisch in einem kleinen Tal gelegen: Im Kloster Schäftlarn haben die Benedektiner eine höhere Schule eingerichtet, die seit fast 150 Jahren Bestand hat.*

Klosterleben zunächst – Historiker vermuten als Ursache die militärische Bedrohung durch die Ungarn sowie die Kirchenenteignungen von Arnulf dem Bösen, Herzog von Bayern, der mit diesen rigiden Methoden den Widerstand gegen die ungarischen Truppen finanzierte.

Von 1140 bis zur Auflösung nach der Säkularisation 1803 wirkten die Prämonstratenser in Schäftlarn. Mit der Neustiftung durch König Ludwig I. von Bayern 1866 kehrten die Benediktiner ins Kloster zurück. Die Mönche richteten eine höhere Schule ein, die noch heute in Gymnasium und Internat Bestand hat.

Der Klosterbau in seiner jetzigen Form wurde als Vierflügelkonstruktion mit zwei rechteckigen Innenhöfen 1707 fertiggestellt. Der Neubau der Kirche begann 1733 und wurde nach einigen Verzögerungen 1760 geweiht. Prunkvoll ausgeschmückt ist ihr Innenraum, den der Maler und Stuckateur Johann Baptist Zimmermann gestaltete. Er und sein Bruder Dominikus gelten im schwäbisch-bayerischen Raum als die wichtigsten Vertreter des Spätbarock und Rokoko.

Rechts neben der Kirche liegt der von Mauern umschlossene, aber der Öffentlichkeit zugängliche Prälatengarten (1. März–31. Okt. 8–20 Uhr). Eine Schautafel erklärt die Bedeutung seiner Gestaltung. Dieser »Ort der Stille« lädt ähnlich einem Kreuzgang zu Meditation und Besinnlichkeit ein. In seinem Mittelpunkt steht ein Brunnen, von dem vier Hauptwege ausgehen, die die Himmelsrichtungen symbolisieren. Der Garten orientiert sich an der »inneren Ordnung der Schöpfungsgeschichte« durch die Verbindung von Quelle, Kreis und Weltachsen. Rund 80 verschiedene Rosensorten und weitere Sommerblumen verleihen dem kleinen Park im Frühsommer eine eindrucksvolle Farbenpracht und mediterrane Aura.

### Kloster Schäftlarn ⟶ Starnberger See

Die Route nach Andechs beginnt etwa 100 m hinter der Klosterkirche. Auf der Straße nach Hohenschäftlarn führt links ein Weg hinauf nach Ebenhausen zur S-Bahn. Nach etwa 15 Min. ist der Isartalberg bezwungen. Am Bahnhof müssen die Gleise überquert werden, um die Jakobsmuschel zu entdecken, die links den Weg Richtung Neufahrn anzeigt. Die ländliche Idylle wird lediglich kurz von der Autobahn A 95 unterbrochen, die aber dank einer Unterführung kein Hindernis darstellt. Hinter Harkirchen, knapp 11 km von Neufahrn gelegen, »zwingt« eine Tafel die Pilger zur Entscheidung: Der »grüne Weg« führt südlich nach Aufkirchen zur spätgotischen Wallfahrtskirche Mariä Himmelfahrt und nach Leoni in Berg am Starnberger See. Dem Uferverlauf nördlich folgend erreicht man über den Parkweg die Votivkapelle, die dem Märchenkönig Ludwig II. zu Ehren

#### Klosterbräustüberl

Der Landgasthof der Familie Krauß bietet nicht nur Gästezimmer, sondern auch typische bayerische Spezialitäten sowie jahreszeitliche Gerichte wie Spargel mit Schinken an. Im schönen Biergarten genießt man einen herrlichen Blick auf die Barockkulisse des Klosters Schäftlarn. **Kloster Schäftlarn 16; Tel. 08178/3694; Bus 961 (an Schultagen) oder S 7 Ebenhausen-Schäftlarn (15 Min. Fußweg); tgl. 10–22.30 Uhr; 39 Zimmer** ●/●●

#### Pilgerunterkünfte

Familie Ecker gewährt Jakobspilgern in Kloster Schäftlarn Unterkunft. Für 20 € ist ein Frühstück inklusive. **Tel. 08178/7141 (ab 17 Uhr)** ●

#### Barrierefrei über den Starnberger See

Mit Unterstützung der Besatzung sind auch für Behinderte Schifffahrten über den Starnberger See möglich. Mindestens ein Deck auf jedem der Boote ist – zum Teil über Treppenlifte – für »Rollis« erreichbar. Die Einstiegsbereiche sind ausreichend breit, die WC behindertengerecht ausgestattet. Fahrzeiten werden unter **Tel. 08151/120230** angesagt.

*Wallfahrtsort Kloster Andechs: Eine halbe Million Menschen besuchen pro Jahr die Kirche, eine Million das gesamte Areal – auch ein Verdienst des süffigen Andechser Bieres.*

oberhalb jener Stelle am See errichtet wurde, an der man 1886 seinen Leichnam fand.

Von Leoni als auch von Berg befördert im Sommer zwei Mal täglich ein Boot der Bayerischen Seen-Schifffahrt Passagiere nach Possenhofen auf die andere Seite des Sees. **Ostern–15. Okt. 10.47 und 14.42 (Berg) bzw. 10.57 und 14.52 Uhr (Leoni); ca. 12 € (Berg bzw. Leoni).**

Alternativ leitet hinter Harkirchen der »rote Weg« die Pilger nördlich über Manthal nach Starnberg über den nördlichen Zipfel des Sees. Auch von dort kann ein Teil der Strecke per Schiff zurückgelegt werden. Die Fahrt nach Possenhofen kostet ca. 5 € und startet von Ostern bis zum 15. Okt. jeweils um 10.35 und 14.30 Uhr.

Ohne Bootstransfer erreichen Wanderer die nächste Etappe, indem sie in Starnberg am Hafen die S-Bahn-Gleise überqueren und via Bahnhof- und Söckinger Straße links Richtung Wasserwerk abbiegen. Der Weg folgt dem Maisinger Bach durch die Maisinger Schlucht, die sich wildromantisch in die Landschaft eingefügt hat. Nach 2,5 km führt die Seestraße am Ortsausgang von Maising zum gleichnamigen See mit seltenen Moorbiotopen und ungebändigtem Schilfwuchs, der einen ungestörten Lebensraum für Vögel darstellt. Der See wurde bereits 1680 angelegt, um durch Fischzucht die Versorgung der Bevölkerung zu sichern.

Der Maisinger Seehof in seiner heutigen Form stammt aus dem Jahr 1899. Ab den 1950er-Jahren entwickelte sich aus einem Nebenerwerbsbetrieb ein Biergarten, der an schönen Sommertagen auf Hochtouren läuft. An Holzbänken sitzt man direkt am

**CVJM-Hof Magnetsried**

Wiesen, Wälder, Blick auf die Berge: Das Haus ist eines von acht Höfen, die den Ort Magnetsried bilden, 6 km südwestlich des Starnberger Sees gelegen. In den Gemeinschaftsküchen – je eine pro Etage – können sich die Besucher selbst versorgen. **82402 Seeshaupt, Magnetsried 33; Tel. 0 88 01/91 56-0; www.cvjmhof.de; 32 Zimmer** ♿ ●●

See und genießt die Brotzeit. Die Küche weist eine einfache Speisekarte aus, aber auch eine exquisite Spezialität: Alaska-Seelachs aus eigener Räucherei
**Maising, Seestr. 14, Tel. 08151/744242; www.maisingerseehof.de; S6 Starnberg, Bus nach Maising, 10 Min. Fußweg; April–Okt. Di–So bis mindestens 22.30 Uhr geöffnet**

### Starnberger See ⟶ Kloster Andechs

Wer nach dem Seehof dem Uferverlauf folgt, begeht Aschering und folgt der Wegmarkierung, um nach etwas mehr als 4 km an der Bundesstraße 951 zu landen. Hier links halten und dem Fahrrad- und Wanderweg nach Andechs folgen. Am Ortseingang rechts in den Münchner Weg und über dessen Verlängerung rechts in die Andechser Straße einbiegen. Nach etwa 1 km erreicht die Route einen großen Parkplatz am Fuße des »heiligen Bergs«, auf dem das berühmte Kloster Andechs thront.

Das Kloster zählt zu den bekanntesten Wallfahrtsorten Deutschlands. 30000 organisierte Pilger im Jahr verzeichnet der Ort, 500000 Besucher allein die Kirche, 1 Mio. Gäste besuchen den so genannten heiligen Berg. Die weltlich Motivierten werden von den sieben Bierspezialitäten der Klosterbrauerei angezogen, die man auf der »Bier-Terrasse« mit Blick auf das Alpenvorland genießen kann. Bei schönem Wetter sind an Sonn- und Feiertagen der Außenbereich, das Bräustüberl und der Klostergasthof wie auf einem Volksfest dicht besetzt – mit Brauerei, Klosterladen, Gastronomie und Lizenzgeschäft haben die 22 Mönche ein Unternehmen beachtlicher Größe aufgebaut, das immer wieder die Wirtschaftsseiten der Medien füllt – wenn auch nicht immer positiv: Die Kloster Andechs Gastronomie Aktiengesellschaft, zuständig für die Franchiseaktivitäten der Restaurantkette »Der Andechser«, musste 2004 Insolvenz anmelden. Bekannt für seine umtriebigen PR-Aktivitäten wurde Pater Anselm (Bilgri), bis 2004 Vorstandsmitglied der AG, gern gesehener Gast in Talkshows und für fast jedes Interview bereit.

Die Ursprünge der christlichen Wallfahrt nach Andechs führen zurück ins 10. Jh. Der Adlige Rasso soll aus Dank für einen Sieg über die Ungarn nach Rom sowie ins Heilige Land gepilgert sein. Die Reliquien, die er mitbrachte, waren zunächst in dem von ihm gegründeten Kloster in Grafrath untergebracht. Rasso ließ sich auf der Burg Andechs, dem Vorgängerbau des Klosters, beerdigen – samt seiner verehrungswürdigen Devotionalien. Bereits 1128 fanden daraufhin erste Wallfahrten zu den Reliquien auf Burg Andechs statt. Mit der Zerstörung der Burg nach 1248 schien auch der Reliquienschatz für immer verloren. 1270 begann der Wiederaufbau der Burgkirche, aber erst 1388 wurden

#### Klosterladen Andechs

Bereits seit 1890 handelt der Devotionalienladen direkt am Kloster mit Andenken für Besucher: Rosenkränze, Pilgerzeichen, Kerzen, Bücher, DVDs und CDs bilden das Sortiment.
**82346 Andechs, Bergstr. 2; Tel. 08152/376-0; www.andechs.de; Mo–Sa 10–17.30, So 9.30–17.30 Uhr**

die Kostbarkeiten in einem Versteck unter dem Altar wieder gefunden; angeblich wies eine Kirchenmaus den Weg. Andechs wurde zu einem Wallfahrtsort und bewahrt heute unter anderem die »Heiligen Drei Hostien«, einen Teil der Dornenkrone Christi sowie ein Gewand aus byzantinischem Seidenstoff auf, das die Mutter der heiligen Elisabeth von Thüringen im Mittelalter als Krönungskleid getragen haben soll. Ludwig der Strenge ließ die Gebäude auf dem heiligen Berg in ein Kloster umwandeln, das erstmals 1392 urkundlich Erwähnung fand. 1455 gründete Herzog Albrecht III. schließlich das heutige Benedektinerkloster.

Die Kirche wurde übrigens genauso wie jene in Schäftlarn von Johann Baptist Zimmermann ausgeschmückt.

**Andechs ···> Ammersee**
Um nach Herrsching am Ammersee zu gelangen, verlassen die Pilger das Kloster durch den »Hinterausgang« – die Verlängerung jenes Weges, auf dem sie angekommen sind –, wandern oberhalb des Kienbachs durch das schattige Kiental und erreichen nach etwa 2 km Herrsching am Ammersee. Wer nun die Hauptstraße überquert und durch den Biergarten des »Gasthofs zur Post« läuft, wird – wiederum dem Kienbach folgend – nach wenigen Metern die S-Bahnstation des Ortes erreichen. Die S 5 erreicht in 45 Min. den Münchner Hauptbahnhof.

*Die Pilgerroute im Überblick: Von München verläuft der Weg über 53 km durch die Isarauen und vorbei an drei Seen und zwei Klöstern.*

# Pilgerweg 6 – Die Franken-Schwaben-Route

*Das Wahrzeichen Lindaus vor der spektakulären Kulisse der Alpengipfel: Die Einfahrt in den Seehafen flankieren der bayerische Löwe und der neue Leuchtturm.*

Vor die Alpen hat Gott den Bodensee gesetzt. Pilger aus Franken und Schwaben wählen meist das malerische Schwäbische Meer als Übergang auf dem Weg nach Santiago de Compostela.

# Die Franken-Schwaben-Route

## Aschaffenburg – Marktheidenfeld – Würzburg – Ochsenfurt – Rothenburg o. d. T. – Dinkelsbühl – Aalen – Ulm – Memmingen – Buchenberg – Lindau (gesamt 477 km)

*Flaneure bei strahlendem Sonnenschein an der Hafenpromenade: Lindau am Bodensee belohnt mit einer beinah mediterran anmutenden Atmosphäre.*

Wer von Franken und Schwaben und von **Aschaffenburg** über **Würzburg** bis nach **Lindau** am Bodensee pilgert, kreuzt unterwegs zahlreiche weitere Routen, die von Osten **Santiago de Compostela** anvisieren. Durch **Rothenburg ob der Tauber** führt beispielsweise der Weg von **Prag** nach **Nürnberg** zum mittelfränkischen Jakobsweg. Der größte Knotenpunkt aber dürfte **Ulm** sein. Hier treffen sich am berühmten Ulmer Münster Pilger aus Osteuropa, die die Prag-Regensburg-Strecke der Nürnberger Variante vorgezogen haben, aber auch Wanderer aus Augsburg, Nürnberg und Stuttgart wählen diese Route, um dem höchsten christlichen Gotteshaus der Welt die Ehre zu erweisen.

Die Tour beginnt in **Aschaffenburg**, am »Tor zum Spessart«, knapp 40 km südöstlich von Frankfurt am Main. Das Wahrzeichen der Stadt ist das um einen quadratischen Innenhof gebaute Schloss Johannisburg mit Burgfried und vier Ecktürmen. Die ehemalige Zeitresidenz der Kurfürsten und Erzbischöfe aus Mainz wurde 1614 am rechten Mainufer fertiggestellt. Einer Legende zufolge verdankt Aschaffenburg den Fortbestand von Schloss und Stadt dem Kapuzinermönch Bernhard von Trier. 1631 drangen König Gustav Adolf II. und seine Truppen im 30-jährigen Krieg bis nach Süddeutschland vor. Die Stadt- und Kirchenoberen flohen – allein der tapfere Pater Bernhard soll den König erwartet haben, um ihm die Stadtschlüssel zu übergeben und um Nachsicht mit der Stadt und seinen Bewohnern zu bitten. Die Schlagfertigkeit und der Esprit des Kapuziners müssen Gustav Adolf mächtig imponiert haben, als er Schloss Johannisburg bestaunte und räsonierte: »Wenn es Räder hätte, würde ich das schöne Schloss nach Stockholm fahren lassen. Weil es aber nicht möglich ist, und der Erzbischof von Mainz es nicht beschützen mochte, so will ich's meinem Kriegsvolk preisgeben.« Gewitzt soll der Kapuziner auf das Wappen der Kurmainzer gedeutet haben, das über jedem Fenster des zweiten Stockes hing und ein Wagenrad im Schilde führte: »Majestät, seht nur hin, an jedem Fenster ist ein Rad. Ihr braucht bloß für die Bespannung zu sorgen.« Der König soll gelacht und Stadt und Schloss ob der Klugheit und Beherztheit des Paters verschont haben. Die Mönche des Klosters hingegen will er ermahnt haben: »Vergesset nie: Aschaffenburg fand Gnade vor uns, um dieses Mannes willen.« 1931 schuf der Bildhauer Otto Gentil ein Denkmal am Beginn der Kleinen Schönbuschallee, das an den mutigen Kapuzinermönch erinnert.

Solch rührende Legenden halten sich besonders hartnäckig. Doch mittlerweile ist sie nicht mehr haltbar. 2005 fand sich im Stockholmer Reichsarchiv ein Schreiben, das den Aschaffenburger Stadtrat als Überbringer der Schlüssel ausweist – an den schwedischen Oberstleutnant Torsten Stalhandske.

In **Aschaffenburg** lohnt ein Besuch der Stiftsbasilika, auch wenn man sich für die Besichtigung des Kirchenschatzes zuvor anmelden muss (Tel. 06021/27721) – die wertvollen Goldschmiedearbeiten sind sehenswert, vor allem die spätgotische Turmmonstranz aus dem 15. Jh. Der beste Ort zur inneren Sammlung ist sicherlich der Kreuzgang, der allein durch seine schlichte geometrische Struktur und seine Abgeschiedenheit die Sinne zu beruhigen mag (Sa, So 13–17 Uhr, ca. 1 €).

Knapp 55 km südöstlich von Aschaffenburg und 25 km hinter **Marktheidenfeld** liegt **Würzburg**, Bischofssitz der Diözese Würzburg, aber auch Zentrum des fränkischen Weinanbaus. Schon von Weitem sichtbar ragt die **Festung Marienburg** auf, in der einst die Fürstbischöfe residierten. Mehr als 1000 Jahre ist sie alt.

Heute gewähren das Mainfränkische und das Fürstenbaumuseum Einblick in die Geschichte der Stadt und die Schatzkammer der Bischöfe. Sehenswert ist der 1 300 qm große Fürstengarten (April–Okt. 9–17.30 Uhr), von dem man einen unvergleichlichen Blick auf Würzburg und das Maintal genießen kann. Von hier sieht man auch das »Käpelle« auf dem Nikolausberg, eine dreitürmige Kirche, die schon seit 1640 Ziel von Wallfahrern ist. Aber erst 1761 entstand der Kreuzweg mit 14 Stationen, die über Treppen von der Stadt auf den Berg hinaufführen. Früher war es Usus, beim Aufstieg den Rosenkranz zu beten, viele erklommen gar auf Knien Stufe um Stufe. Der terrassenähnlich angelegte Weg führt über drei Ebenen nach oben. Auf dem dritten Plateau erkennt man einen Fußabdruck im Stein, der – so heißt es – von Maria, der Mutter Jesu, stammen soll.

### Weltkulturerbe Würzburger Residenz

Die Kapelle in ihrer heutigen Form wurde von **Johann Balthasar Neumann** entworfen, einem der berühmtesten Bauherrn des Barock. Er ließ auch die **Würzburger Residenz** sowie die Schlösser in Brühl und Bruchsal errichten. Neumann gehört neben dem Bildhauer **Tilman Riemenschneider** und dem italienischen Maler **Giovanni Battista Tiepolo** zu den bekanntesten Künstlern, die seinerzeit in Würzburg wirkten. Mit dem Fresko im Treppenhaus der fürstbischöflichen Residenz schuf der Venezianer das größte zusammenhängende Deckengemälde der Welt – auf 18 mal 30 m symbolisiert es das Himmelszelt mit den Figuren der griechischen Götterwelt sowie die vier Erdteile Afrika, Asien, Amerika und Europa.

Die Holzschnitzereien Riemenschneiders sind auch in **Rothenburg ob der Tauber** zu bewundern, 50 km weiter südlich gelegen und über die Pilgerstationen Ochsenfurt und Uffenheim zu erreichen. Für die St.-Jakobs-Kirche (Jan.–März, Nov. 10–12, 14–16, April–Okt. 9–17.15, Dez. 10–16.45 Uhr) in der Klostergasse schnitzte er das Heilig-Blut-Retabel. Berühmt wurde der Altaraufsatz, weil Riemenschneider auf Farbe verzichtete und allein durch die künstlerische Ausarbeitung der Reliefe ein Licht- und Schattenspiel schuf, das zu Beginn des 16. Jh. neu war. Nicht nur für Pilger bedeutend ist der Zwölf-Boten-Altar von Friedrich Herlin. In Tafelbildern erzählt er die Geschichte des Heiligen Jakob und die Überführung seines Leichnams nach **Santiago de Compostela**.

Kein Wunder also, dass die Kirche zum Pflichtprogramm engagierter Pilger gehört. Die mittelfränkische Stadt mit den knapp 11 000 Einwohnern zählt dank ihres historischen Kerns zu den bekanntesten deutschen Städten. Beim Rundgang durch das imposante Ensemble aus Mauerwall, Türmen, Brunnen und prächtigen Hausfassaden trifft man Besucher aus der ganzen Welt.

#### Hotel Anker

Seit 1872 führt die Familie Deppisch dieses Haus in der Fußgängerzone der unterfränkischen Kleinstadt, dessen Innenhof an die historische Stadtmauer grenzt. Im Weinladen können die edlen Tropfen aus der eigenen Winzerei (u. a. Erlenbacher Krähenschnabel, Würzburger Stein) gekauft, im alten Holzfasskeller verkostet werden.
**97828 Marktheidenfeld, Obertorstr. 6; Tel. 0 93 91/60 04-0; www.hotel-anker.de; 39 Zimmer ●●●/●●●●**
AmEx MASTER VISA ♿

#### Schloss Johannisburg

Das Renaissance-Schloss beherbergt eine Gemäldegalerie mit Werken u. a. von Lucas Cranach d. Ä. sowie die weltgrößte Sammlung von Architekturmodellen aus Kork. Bemerkenswert ist das Glockenspiel im Ostturm, das dreimal täglich um 9.05, 12.05 und 17.05 Uhr erklingt.
**Aschaffenburg, Schlossplatz; Tel. 0 60 21/3 86 57-0; April–Sept. tgl. 9–18, Okt.–März tgl. 10–16 Uhr; ca. 2,50 €**

Über **Dinkelsbühl** und **Aalen** führt der Pilgerweg mitten durch die »Hauptstadt des Nebelreiches«. Diesen Beinamen verdankt **Ulm** der Tatsache, dass der Ort im Frühling und im Herbst häufiger als andere an Vormittagen von Nebelschwaden umhüllt ist.

Doch selbst diese Dunstwolken können die Hauptattraktion der Stadt nicht unsichtbar machen: Das berühmte gotische **Münster** ist zweifelsohne der Anziehungspunkt für die Besucher der Stadt. Mit dem Bau des Gotteshauses begannen die Ulmer 1377. Seine imposante Größe von 161,5 m, die es noch heute zu der Kirche mit dem höchsten Turm der Welt macht, erhielt die Basilika aber erst 1890, als die Spitze aufgesetzt wurde. Im Zweiten Weltkrieg wurden die Stadt und der Münsterplatz schwer getroffen – doch wie durch ein Wunder blieb die Kirche vom Bombenhagel weitestgehend verschont. Wer die 768 Stufen emporklettert, genießt bei klarem Wetter auf der Aussichtsplattform einen Blick bis zu den Alpen und kann gar den Säntis oder die Zugspitze ausmachen. Das durch die Angriffe ausgebrannte Rathaus (Mo–Mi 7–16.30, Do 7–18, Fr 7–12 Uhr) rekonstruierten die Ulmer auf der Basis des fast unversehrt gebliebenen Erdgeschosses. Unweit des Münsters am Marktplatz gelegen, fällt das Gebäude durch seine kunstvolle Fassadenmalerei mit Motiven aus der Frührenaissance auf.

### Der Schneider von Ulm

Im Treppenhaus ist eine Nachbildung jenes Fluggeräts ausgestellt, mit dem sich der »**Schneider von Ulm**« einen Namen als tragischer Held machte. Albrecht Ludwig Berblingers eigentliche Passion war nicht das Kleidermachen, sondern das Tüfteln an einem Fluggleiter. 1811 wollte er König Friedrich von Württemberg die Funktionstüchtigkeit seiner Erfindung beweisen. Doch musste er den Versuch – mit Flügeln bewappnet von einem 19 m hohen Gerüst über die Donau zu gleiten – abbrechen, weil ein Gelenk des Geräts gebrochen war. Der König reiste enttäuscht ab; doch der Schneider wiederholte am nächsten Tag sein Experiment. Vor Tausenden von Schaulustigen wartete Berblinger auf günstigen Wind, schlug immer wieder verzweifelt mit den Flügeln und war der Ungeduld und dem Gefeixe des Volkes ausgesetzt. Schließlich versetzte ihm ein Gendarm, wohl ermutigt durch die spottenden Augenzeugen, einen Stoß: Der Schneider fiel wie ein Stein in die Donau. Von nun an wurde er in Ulm wie ein Aussätziger behandelt und starb 18 Jahre später vereinsamt und verbittert. 1986 bauten Studenten Berblingers Hängegleiter nach und zeigten auf, dass der Absturz, bedingt durch die Fallwinde an Flüssen, vorprogrammiert war. An einem Berghang jedoch ist es sehr wohl möglich, mit der Erfindung des Schneiders von Ulm einige Meter zu fliegen.

#### Übernachten am Jakobsweg

Der Tourismusverband Romantisches Franken hält für Pilger einen Prospekt bereit, der Gasthöfe am mittelfränkischen Jakobsweg von Nürnberg nach Rothenburg o. d. Tauber nennt. Die Broschüre ist auch online einsehbar (unter Suchfunktion »Jakobsweg«).
**Tourist Information Romantisches Franken. 91598 Colmberg, Am Kirchberg 4, Tel. 09803/941-41; www.romantisches-franken.de**

#### Mittelalterliches Kriminalmuseum

Wie obskur, aber auch grausam Rechtsprechung und deren Vollzug im Mittelalter funktionierte, zeigt eindrucksvoll diese Sammlung an Folterinstrumenten (z. B. die Schandmaske zur Strafe bei übler Nachrede), Modellen und Schriftstücken.
**Rothenburg, Burggasse 3–5; Tel. 09861/5359; www.kriminalmuseum.rothenburg.de; April–Okt. tgl. 9.30–18, Nov., Jan., Feb. tgl. 14–16, Dez., März tgl. 10–16 Uhr; ca. 4 €**

# Wanderung von Lindenberg an den Bodensee

**Lindenberg – Allmannsried – Lötz – Adelberg – Niederstaufen – Sigmarszell – Schlachters – Streitelsfingen – Lindau**

**Charakteristik:** Leichte Wander- und Fahrradtour durch Wälder und über Felder und Wiesen. Eröffnet immer wieder eine wunderbare Aussicht auf den Bodensee und die Alpen. **Anfahrt:** Autobahn A 96, Ausfahrt Wangen-Nord. Zielbahnhof liegt in Röthenbach/Allgäu; von dort Busverbindung nach Lindenberg. **Dauer:** ca. 5 Stunden **Länge:** 30 km **Einkehrmöglichkeit:** Montfort-Schlössle (Streitelsfinger Str. 38, Lindau; Tel. 0 83 82/7 28 11); Gasthof Zum Sünfzen (Maximilianstr. 1, Lindau; Tel. 0 83 82/58 65) **Karte:** → S. 94/95

**Lindenberg → Sigmarszell**

Im Allgäu findet sich ein dichtes Netz an Fahrrad- und Wanderwegen. Wer die größeren Städte meiden möchte, wählt ab Memmingen die Strecke über Bad Grönenbach, Altusried, Wiggersbach, Buchenberg und Weitnau. Der etwa 30 km lange Abschnitt bis nach Lindau beginnt in Lindenberg. Von dort führt ein Wanderweg vom schönen Waldsee am nördlichen Ufer entlang über Allmandsried und Lötz. Hier erblickt man bei gutem Wetter erstmals

*Stillleben am Tag der Erstkommunion in Sigmarszell: Während der Pfarrer die Messe liest, haben die Musikanten ihre Utensilien einsatzbereit am Kirchhof drapiert.*

den Bodensee, das »Schwäbische Meer«. Über die Siedlung Adelberg und die Adelbergstraße mündet der Pilgerweg in Niederstaufen links in die Hauptstraße. Nach etwa 200 m trifft ein Feldweg rechter Hand auf den Leiblachwanderweg, dessen Schilder am Weiler Dornach nach Sigmarszell weiterführen.

Die Strecke führt direkt zur kleinen Kirche St. Gallus in Sigmarszell, deren Gemeinde aus vielen kleinen Ortsteilen besteht. Hier im Kirchdorf, unmittelbar an der österreichischen Grenze, soll sich die Urzelle einer im 8. Jh. gegründeten Siedlung befinden. Die Kirche wurde etwa 1710 wieder aufgebaut, nachdem die Schweden sie 1647 im 30-jährigen Krieg zerstört hatten. Der Turmunterbau stammt noch aus dem Mittelalter.

Die Zeller Straße verbindet das Kirchdorf mit dem Ortsteil Schlachters und der Deutschen Alpenstraße, der B 308. Nach ca. 300 m weist hinter dem Gasthof Traube ein Schild auf den Wanderweg hin, der nach Thumen führt. Über die Alte Landstraße linker Hand öffnet sich besonders bei Föhn eine wunderschöne Sicht auf die Alpen. Der Weg verläuft zunächst parallel zur Deutschen Alpenstraße, die man mit der nächsten Brücke überqueren sollte, um über die Bodenseestraße links in die Hauptstraße von Schlachters einzubiegen.

Der Ortsteil ist der wirtschaftliche Mittelpunkt von Sigmarszell, dessen Aufschwung 1853 mit dem Bau der ersten Bahnlinie begann. Bekanntester Einwohner war gewiss der in Luxemburg geborene, später eingebürgerte Schriftsteller Norbert Jacques (1880–1954). Sein Roman »Dr. Mabuse, der Spieler« und dessen berühmte Verfilmung von Fritz Lang sorgten 1922 für Aufsehen. Er lebte ab Anfang der 20er-Jahre des 19. Jh. auf dem Adelinenhof in Thumen und war 1945 sogar für einige Wochen Bürgermeister von Sigmarszell.

### Schlachters ···> Marienkapelle

Gegenüber der gelben Villa weist ein kleines Pilgerschild auf den weiteren Verlauf des Jakobus-Wanderweges in ein kleines Waldstück, in dem es nach Harz und Tannennadeln duftet. Am Tennisplatz zweigt der Weg rechts ab und leitet am Schlachterner Weiher vorbei über die Autobahn A 96 in den Ortsteil Oberhof der Gemeinde Weißensberg. Nach wenigen Metern führt auf einer Wiese rechts ein Weg den Hang hinauf, an dessen Scheitelpunkt ein Kreuz Christi und eine Ruhebank einladen, die herrliche Umgebung und den Weitblick bis zum Bodensee zu genießen. Über einen kurzen und angenehm schattigen Pfad am Waldrand entlang trifft man auf den touristischen Höhepunkt dieser Route: die kleine Marienkapelle auf der Weißensberger Halde.
Luitpold von Bayern, der als Prinzregent 1886 seinem Neffen, dem Märchenkönig Ludwig II., an der Spitze der

**Ferienhaus Hand in Hand**

Der gemeinnützige Verein bietet speziell für Behinderte Urlaub in einer familienähnlichen Struktur. Im Haus mit Blick auf Bregenz kümmert man sich mit einem zugeschnittenen Programm rundum um die Gäste.
**Sigmarszell, Bodenseestr. 19; Tel. 0 83 89/2 64; www.handinhand-ferien.de; 6 Zimmer**
●●●● CREDIT ♿

**Kapellenweg**

In der Umgebung des Kneippkurorts Scheidegg, etwa 4 km südlich von Lindenberg gelegen, finden sich 13 Kapellen. Die Kirchen sind durch einen kleinen (2,7 km) und einen großen (21,7 km) ökumenischen Kapellenweg verbunden. Eine Broschüre mit der Wegbeschreibung hält die Gemeinde Scheidegg in gedruckter Form sowie im Internet (unter Urlaub/Wandern/Kapellenwege) bereit.
**Kurverwaltung Scheidegg, 88175 Scheidegg, Rathausplatz 4; Tel. 08 00/8 89 95 55; www.scheidegg.de**

bayerischen Monarchie folgte, ließ 1870 diese kleine Kapelle errichten. Die Stätte gedenkt seiner Gemahlin, Auguste Ferdinande, Erzherzogin von Österreich und Prinzessin von Toskana, die im Alter von nur 39 Jahren an einer Lungentuberkulose verstorben war.
1926, ein Jahr nach dem Tod von Augustes Tochter Therese von Bayern, wollte Prinz Alfons dem Dekanat die Kapelle übereignen. Da die Kirche kein Interesse zeigte, übernahm die Gemeinde Weißensberg die kleine Kirche. Der Prinz legte noch 300 Reichsmark drauf, um die Pflege der Gedenkstätte zu finanzieren und der Bürgermeister legte den Betrag bei der Darlehenskasse an, um den Erhalt der Kapelle »dauerhaft zu sichern«. Jahrzehnte später mussten sich die Einwohner Weißensbergs dennoch zusammenschließen, damit ihr Wahrzeichen nicht dem Zahn der Zeit zum Opfer fiel: 1982 riss eine Bürgeraktion die marode Kapelle ab und baute sie an der alten Stelle in den Originalmaßen neu wieder auf.
540 m über dem Meeresspiegel und auf einer mit Löwenzahn und Dotterblumen gesprenkelten Wiese gelegen, bietet sich hier eine atemberaubende Rundumsicht über die südliche Bodenseeregion: Linker Hand fächern sich die Bergspitzen der Alpen mit Pfänder und Säntis, zu Füßen liegen Bregenz im Westen sowie Lindau, am östlichen Ufer des Bodensees zeichnet sich sogar noch die Silhouette von Konstanz ab. Bei gutem Wetter tänzeln Hunderte von Segelbooten über das in der Sonne glitzernde Schwäbische Meer – wie durch die Hand eines unsichtbaren Choreografen geleitet.

*Friedliches Idyll: die Marienkapelle in Weißensberg.*

### Marienkapelle ···> Streitelsfinger Anhöhe

Am Fuße der Weißensberger Halde führt die Muschel die Pilger unter der B 308 hindurch und nach wenigen Metern auf die Strecke nach Streitelsfingen. Zu Beginn des Wanderweges bietet ein Bauernhof für wenige Cent frische Milch von vermutlich glücklichen Kühen an, die im Stall nebenan gemütlich muhen und den lieben Gott einen guten Mann sein lassen. Man muss sich die Milch zwar aus einem Automaten zapfen, dafür ist sie aber wunderbar kühl. (Achtung: eigene Flasche mitbringen!)

Die kleine Erfrischung mag willkommen sein, auch wenn es nur noch wenige Gehminuten bis zum hübschen Montfort-Schlössle sind, der einstigen Sommerresidenz der Grafen von Montfort. Vorbei an Spalierbäumen führt die Streitelsfinger Straße zu diesem idyllischen Landgasthof, der mit niveauvoller bürgerlicher Küche aufwartet. Hier tischt Wirtin Alexandra Jäger »hausge-

*Ausflugsziel für Wanderer und Radler: Im Biergarten des Montfort-Schlössles kann man bei Speis und Trank das schöne Wetter genießen und die Anstrengungen vergessen.*

machte Kässpätzle« ebenso auf wie »in Folie gegarte Forelle mit mediterranem Gemüse und Kräutern«. Bei Sonnenschein lassen sich die meisten Gäste unter den herrlich ausladenden Kastanienbäumen im Biergarten nieder und genießen den Blick auf das Bodensee-Idyll. Innen sitzt man unter dem Wappen der Grafen von Montfort und einem Wandgemälde zur Schlacht bei Bregenz 1408. Nach jahrelangen Siegen gegen den Fürstabt von St. Gallen mussten die aufständischen Appenzeller Bauern gegen ein Habsburger Heer sowie Soldaten der Bischöfe von Augsburg und Konstanz ihre erste Niederlage einstecken. Das denkmalgeschützte Haus mit der traumhaften Lage in den Obstgärten bietet aber nicht nur ein Restaurant mit Biergarten, hier werden auch Zimmer vermietet. Die Räume sind klein, oft mit Dachschräge und ohne Fernseher, dafür aber sehr liebevoll im Landhausstil eingerichtet.
**88131 Lindau, Streitelsfinger Straße 38; Tel. 08382/72811; www.montfort-schloessle.de; 1. April–31. Okt. Di–So 10–23 Uhr; 13 Zimmer ●●/●●●**

## Durch Lindau auf die Insel

Kurz hinter dem Schlössle führen an einer Gabelung der Büchelewiesweg rechts sowie kurz darauf der Oberreutiner Weg links von Nordwesten nach Lindau hinunter. Wer mag, kann dabei den alten Friedhof der

### Knusperlädele Brög

Das Obst ihrer Plantagen verarbeitet Familie Brög seit 1999 auch zu Trockenobst: Apfeltacos, Schoko-Apfelchips, aber auch Müsli und Konfitüren werden auf dem Hof (Mo–Fr 9–12 Uhr) unweit des Montfort-Schlössles verkauft und gehören auch im Laden auf der Insel Lindau zum Sortiment.
**88131 Lindau, Streitelsfinger Str. 45d; Tel. 08382/975841; www.broeg-obst.de**
**88131 Lindau, Fischergasse 10, Mo–Fr 9–18, Sa 9–14 Uhr**

*Plätze für Genießer: An der Promenade am Spielcasino sitzt man in der ersten Reihe, um den Bodensee, die Ausflugsschiffe und die Alpen zu bewundern.*

evangelischen St.-Verena-Kirche durchschreiten. Nun geht es die Köchlinstraße bergab und rechts Richtung Heimesreuth dem Schild des Schwäbischen Albvereins folgend; von dem Richtungsanzeiger »Lindau« darf man sich nicht verwirren lassen.

Am Ende der Straße, neben einem kleinen Weiher, bietet sich schon die nächste Einkehrmöglichkeit an, der Gasthof Köchlin mit Biergarten und rustikaler, gutbürgerlicher Küche. Müde Pilger können hier an der Bushaltestelle vor dem Gasthaus den letzten Kilometer mit öffentlichen Verkehrsmitteln z. B. bis zum Bahnhof weiterfahren. Der Fußweg zur Insel Lindau dagegen führt links am Köchlinweiher vorbei und überquert einen Knotenpunkt, an dem Bregenzer und Kolpingstraße zusammentreffen. Hier geht es geradeaus die Bregenzer Straße weiter, mit Blick auf den See und ins Zentrum der Insel Lindau.

Der historische Kern Lindaus, der auf einer Insel liegt, ist die touristische Attraktion der bayerischen Bodenseestadt. Bereits im 9. Jh. soll sich ein Kloster auf der Insel befunden haben. Im 11. Jh. verlegt das Stift seinen Markt, der bislang in der Nähe von Aeschach abgehalten wurde, auf das Eiland. Das zieht verstärkt Händler an und im 13. Jh. schließlich löst sich die Kaufmannssiedlung aus der Obhut des Klosters. Mit der Verleihung der

**Venti Tre**

Wer etwas mondäner genießen mag, ruht sich auf der Sonnenterrasse des Restaurants der Spielbank Lindau aus, direkt am Bodenseeufer. Die Küche offeriert mediterrane Kost, z. B. »Pochiertes Saiblingsfilet an Gartenkräuterschaum«, aber auch schwäbische Klassiker wie »Kässpätzle«. Der verglaste Rundumbau, liegt – unübersehbar – links hinter der Seebrücke. **88131 Lindau, Chelles-Allee 1; Tel. 08382/275112; www.spielbankgastronomielindau.de; tgl. 12–23 Uhr ●●● CREDIT**

Reichsfreiheit durch Kaiser Rudolf I. 1274/75 und den damit einhergehenden Rechten sowie dem Bau der ersten Brücke zum Festland legte Lindau den Grundstein für seinen sozialen und wirtschaftlichen Aufstieg.

Wer an sonnigen Wochenenden nach Lindau kommt, wird sich nicht einsam fühlen. Paare, Passanten und Pilger schlendern durch die mittelalterliche Kleinstadtidylle, Straßencafés und Eisdielen haben Hochkonjunktur. Ruhebedürftige sollten sich ihre Pausen daher lieber zuvor einplanen, beispielsweise im Biergarten des Montfort-Schlössles.

### Spaziergang über die Insel Lindau

Der Liebreiz der Insel mag aber auch manch neue Kräfte wecken: Das 68 ha große Eiland mit seinen historischen Gebäuden lädt zu einem kleinen Rundgang an. Den Marktplatz mit dem Neptunbrunnen dominieren die protestantische Stephan- und die katholische Stiftskirche, die seit 2002 den Titel »Münster Unserer Lieben Frau« trägt. Gegenüber fällt das »Haus zum Cavazzen« ob seiner prächtig bemalten Fassade auf: Die Familie von Seutter ließ es 1729 errichten; heute beherbergt es das Stadtmuseum (Di–So 11–17, Sa 11–14 Uhr; ca. 3 €), in dem Möbel von der Gotik bis zum Jugendstil zur Schau gestellt werden. Links führt die Linggstraße zum berühmten Seehafen und dem alten Mangturm. Der Name des früheren Leuchtturms aus dem 13. Jh. stammt vom Mangenhaus ab, dem einstigen Nachbargebäude, in dem früher Leinengewebe geglättet (»mangeln«) wurde. Die malerische Hafeneinfahrt wird von einem neuen

**Münster Unserer Lieben Frau**
Die romanische Klosterkirche aus dem 12. Jh. fiel dem Stadtbrand von 1728 zum Opfer. Auf dem noch nutzbaren Fundament errichtete Johann Kaspar Bagnato 1748 bis 1752 den Neubau im Barockstil. Der Münchner Maler Waldemar Kolmsperger gestaltete das heutige Deckenfresko nach einem neuerlichen Brand 1922.
**Lindau, Stiftsplatz**

*Vom Marktplatz über den Hafen und durch die Altstadt: Spaziergang über Lindaus Insel.*

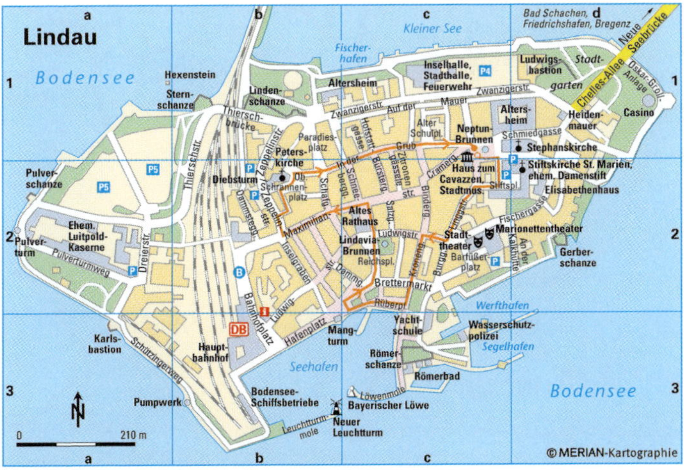

Leuchtturm und dem bayerischen Löwen flankiert – und gilt heute als das Wahrzeichen Lindaus. Sie entstand 1856, als das Königreich Bayern den neuen Seehafen errichten ließ. Die Molen sind begehbar und erlauben beim Promenieren einen schönen Blick auf die Kulisse des Hafenlebens mit den zahlreichen Cafés, Hotels und Bürgerhäusern.

Der Weg führt zurück zum Reichsplatz mit dem Lindavia-Brunnen aus rotem Marmor, der die Wirtschaftskraft der Stadt symbolisiert – Acker-, Garten- und Weinbau, Fischerei und Schifffahrt. Bemerkenswert ist das Alte Rathaus, das im 15. Jh. im gotischen Stil erbaut und 100 Jahre später dem Geist der Renaissance angepasst wurde. Die beeindruckende Fassendenmalerei zeigt Szenen des Deutschen Reichstags, der 1496 in Anwesenheit von König Maximilian I. in Lindau stattfand. Die Bilder im Erker stellen die zehn Gebote dar. Der Prachtbau liegt an der Fußgängerzone, der Maximilianstraße mit ihren einladenden Straßencafés, die

**Theater Café**
Alle Produkte aus eigener Herstellung. Ohne Konservierungsmittel. Gartencafé mit 60 Sitzplätzen; in der Nähe der beiden großen Kirchen.
**88131 Lindau, Linggstr. 6, Tel. 08382/22748; Mo–Sa 8.30–18, So 10–18 Uhr ●●**

links zur Zeppelinstraße und anschließend rechts zum Oberen Schrannenplatz führt. Hier ragt der Diebsturm empor, der auf der höchsten Stelle der Insel 1370 als Wachturm Teil der Stadtmauer war. Der Name lässt leicht seine weitere Funktion erahnen: Der Bergfried diente auch als Gefängnis. Am Schrannenplatz befindet sich zudem die über 1000 Jahre alte Peterskirche, Lindaus ältestes Gotteshaus. Kunsthistorisch besonders wertvoll sind im Inneren die Fresken an der Nordwand – sie stammen aus dem 15. Jh. und wurden von Hans Holbein d. Ä. gemalt.

Beim Rückweg – entweder über die Straße In der Grub oder nochmals durch die Fußgängerzone mit ihrem schon mediterran anmutendem Flair – kann man verstehen, warum der Dichter Hölderlin, der 1801 von hier heim nach Nürtingen bei Stuttgart wanderte, die Bodenseestadt »das glückselige Lindau« nannte.

*Die letzte Etappe auf der Route zum Bodensee ist 30 km lang. Sie beginnt in Lindenberg und führt – mit Blick auf den See – über 30 km nach Lindau.*

# Die Weinroute

*Historisches Tübingen: Die Universitätsstadt zeichnet dank der mittelalterlichen Architektur und vieler Studenten ein lebendiges Abbild von Vergangenheit und Gegenwart.*

Burgen, Klöster, Wingerte – der Pilgerweg entlang des Rheins, durch Baden-Württemberg bis nach Konstanz, ist eine Reise auf den Spuren deutscher Kulturgeschichte.

# Die Weinroute

## Koblenz – Boppard – Rüdesheim – Mainz – Oppenheim – Worms – Speyer – Bruchsal – Maulbronn – Stuttgart – Tübingen – Rottenburg – Konstanz (gesamt 515 km)

*Das Herz von Rottenburg: Um den Dom in der Altstadt gruppieren sich vielerlei Geschäfte, Gaststätten und einige nette Cafés.*

**Marien-Wallfahrtskloster Bornhofen**
Von Mai bis Oktober treffen fast täglich Pilger im Franziskaner-Kloster Bornhofen ein, rund 25 km südlich von Koblenz, um das Gnadenbild der Gottesmutter zu ehren.
**56341 Kamp-Bornhofen, Kirchplatz 2; Tel. 06773/95978-0; www.wallfahrtskloster-bornhofen.de**

Burgen, Klöster, Wingerte – die Weinbauregion Mittelrhein, durch die Deutschlands längster Fluss in besonders malerischer Form mäandert, ist berühmt für ihre romantische Landschaft. Wohl nirgendwo sonst findet sich eine solche Dichte an Baudenkmälern: Die Burgen Katz und Boppard, Pfalzgrafenstein oder Lahneck, das Kaiser-Wilhelm-Denkmal an der Mündung von Mosel und Rhein oder die mythenumrankte **Loreley** stehen für eine Entwicklungsgeschichte, so einzigartig, dass die Kulturorganisation der Vereinten Nationen, UNESCO, die Region zum Weltkulturerbe gekürt hat.
Am Rhein errichteten die Römer Heeresstraßen, die von der Nordsee über Nimwegen, Xanten, Köln und Mainz nach Süden verlief. An den Verkehrswegen entstanden

Siedlungen, die Keimzellen der heutigen Städte. Darunter auch **Koblenz**, das auf eine mehr als 2000-jährige Geschichte zurückblicken kann. Die schönste Aussicht auf die reizvolle Lage kann man von **der Festung Ehrenbreitstein** aus genießen, von dem gleichnamigen 118 m hohen Berg: Im Tal treffen sich Rhein und Mosel, geradeaus verbindet die steinerne Balduinbrücke den historischen Kern mit dem Stadtteil Lützel, linker Hand liegt vor der Pfaffendorfer Brücke das Kurfürstliche Schloss – heute ein Verwaltungsgebäude und nicht zu besichtigen. Dagegen bietet die Festung Ehrenbreitstein dem Landesmuseum Koblenz eine Heimat.
Auch die Pilger früherer Zeiten folgten den großen Verkehrsverbindungen. Knapp 6 km hinter Festung Ehrenbreitstein befindet sich **Arenberg**, wo 1848 die Erscheinung einer verstorbenen Jungfrau für Aufsehen sorgte. Der Pfarrer Johann Baptist Kraus ließ daraufhin von 1860–1872, finanziell unterstützt von Kaiserin Augusta, Gattin von Wilhelm I., die Erlösungskirche St. Nikolaus errichten und schuf die Pfarrer-Kraus-Anlagen. Seine Idee: Die Geschichte Jesu und wichtige Stationen der christlichen Kultur in einem Park darzustellen und sie für die Bevölkerung greifbar zu machen. Zahlreiche Kapellen mit Skulpturen stellen den Weg des Gottessohns dar: Im Antoniusgarten wurde die Grotte von Lourdes nachgebaut, das Haus Nazareth ist im Mariengarten nachempfunden. Um die Pflege der sakralen Anlagen kümmerten sich die Nonnen des Dominikanerinnen-Klosters, das zu jener Zeit entstand. Bis 1960 pilgerten jährlich Tausende nach Arenberg, danach verlor der Ort an Bedeutung.

Pilgern entlang des Rheins sei empfohlen, ihre Strecke mit dem **Rheinsteig** (www.rheinsteig.de) zu synchronisieren, jenem Wanderweg entlang der rechten Flussseite, der 2005 eröffnet wurde und hervorragend ausgeschildert ist. Er beginnt in **Bonn** und führt über das Siebengebirge, Koblenz und Rüdesheim bis nach **Wiesbaden** – insgesamt 320 km, durch dichte Wälder und fruchtbare Weinbaulandschaften, vorbei an Burgen und Schlössern und immer wieder mit prachtvollem Blick auf den viel beschriebenen Vater Rhein. Auf dem Weg liegt auch die Loreley, jener sagenumwobener Schieferfelsen, der sich bei St. Goarshausen aus dem Rhein erhebt. Auf ihm habe, so heißt es, die Nixe Loreley gesessen, die mit ihrem lieblichen Gesang die Seefahrer und Fischer anlockte: Manch ein Kapitän soll – derart verzaubert und abgelenkt von den Gefahren einer Sandbank – mit seinem Kahn in den Strömungen des berüchtigten Rheinbogens gekentert sein.

Die natürliche Erklärung ist eher nüchtern: Das Echo eines kleinen Wasserfalls, der sich hier bis zum 18. Jh. ergoss, klang so, als ob der Felsen die Töne

**Koblenz**
21 km
**Boppard**
61 km
**Bingen**
31 km
**Mainz**
25 km
**Oppenheim**
26 km
**Worms**
21 km
**Ludwigshafen**
23 km
**Speyer**
45 km
**Bruchsal**
26 km
**Maulbronn**
64 km
**Stuttgart**
44 km
**Tübingen**
8 km
**Rottenburg**
22 km
**Balingen**
37 km
**Kloster Beuron**
27 km
**Stockach**
34 km
**Konstanz**

erklingen ließe. Das Phänomen ist heute nicht mehr nachvollziehbar; nicht nur, weil der Wasserfall verschwunden ist, sondern auch, weil Verkehrs- und andere Begleitgeräusche der modernen Zivilisation zu dominant sind. Der deutsche Dichter Heinrich Heine hat die Legende in berühmte Verse gefasst.

***Die Loreley***

*Ich weiß nicht was soll es bedeuten,*
*Daß ich so traurig bin;*
*Ein Märchen aus alten Zeiten,*
*Das kommt mir nicht aus dem Sinn.*
*Die Luft ist kühl und es dunkelt,*
*Und ruhig fließt der Rhein;*
*Der Gipfel des Berges funkelt*
*Im Abendsonnenschein.*
*Die schönste Jungfrau sitzet*
*Dort oben wunderbar;*
*Ihr goldnes Geschmeide blitzet,*
*Sie kämmt ihr goldenes Haar.*
*Sie kämmt es mit goldenem Kamme*
*Und singt ein Lied dabey;*
*Das hat eine wundersame,*
*Gewaltige Melodey.*
*Den Schiffer, im kleinen Schiffe,*
*Ergreift es mit wildem Weh;*
*Er schaut nicht die Felsenriffe,*
*Er schaut nur hinauf in die Höh'.*
*Ich glaube, die Wellen verschlingen*
*Am Ende Schiffer und Kahn;*
*Und das hat mit ihrem Singen*
*Die Lore-Ley gethan.*

(Heinrich Heine, 1824)

Über **Rüdesheim** verläuft der Rheinsteig bis **Mainz** parallel zu Deutschlands größtem Strom, erst in der Domstadt empfiehlt es sich, die Uferseite zu wechseln, um die Kathedrale zu besichtigen und die Reise zu den Domen von **Worms** und **Speyer** fortzusetzen. Über **Bruchsal** und sein Schloss – einst Sitz der Fürstbischöfe von Speyer – geht die Route weiter durch Baden-Württemberg, vorbei am Kloster **Maulbronn** in die Landeshauptstadt **Stuttgart**. Die überlieferten Wege des Mittelalters führten – wohl aufgrund der Kessellage – stets an der Schwabenmetropole vorbei und verliefen über Winnenden und Esslingen Richtung Bodensee. Heutzutage gibt es aber kaum mehr einen Grund, die Stadt mit dem Ruf einer Kulturmetropole zu meiden.

**Kloster Arenberg**

Die Dominikanerinnen offerieren in einem 2003 eröffneten Gästehaus »Urlaub im Kloster« und sorgen mit allerlei Programm für allumfassende Wellnessferien: Sauna, Schwimmbad, Massagen, Kneipp-Therapien, Meditationen – von der Terrasse der dazugehörigen Kapelle kann man in das Rheintal, bis zur Eifel und zum Westerwald blicken.
**56077 Koblenz, Cherubine-Willimann-Weg 1, Tel. 0261/6401-2090; www.kloster-arenberg.de; 99 Zimmer ●●● (Vollpension)**

**Kloster Hegne**

Wer sich In Konstanz, am Ende des Pilgerwegs, etwas Besonderes gönnen möchte, dem sei das neue Gästehaus St. Elisabeth des Klosters Hegne empfohlen. Es bietet eine Liegewiese mit Zugang zum Bodensee und Blick auf die Insel Reichenau. Gebete und Gespräche mit der Schwesterngemeinschaft sind auf Wunsch ebenfalls möglich.
**78476 Allensbach-Hegne, Konradistr. 1; Tel. 07533/807-200; www.st-elisabeth-hegne.de; 65 Zimmer ●● (neues Haus ●●●)**
CREDIT

# Wanderung von Bebenhausen nach Rottenburg

**Tübingen-Bebenhausen – Tübingen – Rottenburg-Wurmlingen – Rottenburg am Neckar**

**Charakteristik:** Leicht zu bewältigende Wander- und Fahrradtour mit Stopps in mittelalterlich anmutenden Städtchen. **Anfahrt:** Bebenhausen ist mit dem Bus von Tübingen sowie von Stuttgart zu erreichen. **Dauer:** Tagestour. **Länge:** 19 km **Einkehrmöglichkeit:** Schwärzlocher Hof (Schwärzlocher Hof 1, Tübingen; Tel. 07071/43362); Mosaik (Am Marktplatz 22, Rottenburg; Tel. 07472/980187) **Karte:** ⇢ S. 107

### Bebenhausen ⇢ Tübingen

Nicht einmal 400 Einwohner zählt Bebenhausen, ein Vorort von Tübingen, und ist dennoch allemal eine (Pilger-)Reise wert. Im 14. Jh. war das dortige Kloster nicht nur das wichtigste in Baden-Württemberg neben Maulbronn und Herrenalb, sondern auch eines der reichsten – 1301 erwarben die Mönche gar die Stadt Tübingen und ihre Burg. Nach der Reformation wurde die Glaubensgemeinschaft der Zisterzienser aufgelöst, und im 19. Jh. ließ König Friedrich I. das Kloster zum Jagdschloss umbauen. Nach dem Zweiten Weltkrieg tagte im Kloster der Landtag von Württemberg-Hohenzollern bis zur Gründung des Bundeslandes 1952. Ab da hatte übrigens der spätere Ministerpräsident und Bundeskanzler Kurt Georg Kiesinger in Bebenhausen sein Wochenend- und Urlaubsdomizil. Schloss und Kloster sind ganzjährig zu besichtigen (1. April–31. Okt. Mo 9–12, 13–18, Di–So 9–18; 1. Nov.– 31. März Di–Fr 9–12, 13–17, Sa, So ab 10 Uhr; Eintritt ca. 3 €).

Von Bebenhausen führt ein Radwanderweg ohne Umschweife ins 3 km entfernte Tübingen. Der Marktplatz der Universitätsstadt bildet das Zentrum des historischen Kerns. Das berühmte Rathaus mit der fantasievoll bemalten Fassade stammt aus dem Jahr 1438; den vierten Stock setzten die Bauherren 1508 auf. Die Fassade wurde jedoch erst 1877 zum 400-jährigen Jubiläum der Universität bemalt. In den 1980er-Jahren war sie als Symbol der Macht häufig Ziel von Graffiti-Sprayern aus dem Hausbesetzerumfeld. Kaum war eine »Schmiererei« verschwunden, erschien über Nacht neuer Protest aus der Dose. Heute ist die berühmte Außenfront in ihrer einstiegen Pracht zu bewundern.

Bemerkenswert ist die astronomische Uhr im Giebel des Dacherkers. Sie stammt aus dem Jahr 1511 und zeigt den Lauf der Sterne sowie die Mondphasen an. Allerdings benötigt man einen Feldstecher, um zu erspähen, was sie

**Hotel Wartburg**

Sehr zentrales, gepflegtes Haus mitten im Zentrum von Stuttgart – aber dennoch ruhig in einer Seitenstraße gelegen. Fast alle Sehenswürdigkeiten der Stadt sind zu Fuß zu erreichen und die S-Bahn, keine 2 Min. entfernt, schafft den Anschluss aus dem Kessel der Landeshauptstadt.
**70174 Stuttgart, Lange Str. 49; Tel. 0711/2045-0; www.hotel-wartburg-stuttgart.de; 80 Zimmer ●●●/ ●●●● CREDIT**

**Hotel Landschloss Korntal**

Das ehemalige Hofgut im historischen Zentrum der Gemeinde, etwa 8 km von der Stuttgarter Innenstadt entfernt, stammt aus dem 13. Jh. Heute ist das Landschloss im Besitz der evangelischen Brüdergemeinde. Geschmackvolles, modernes Ambiente in geschichtsträchtiger Architektur. Wer optimal relaxen möchte, wählt ein Zimmer mit Whirlpool.
**70825 Korntal-Münchingen, Saalplatz 5; Tel. 0711/838880-0; www.landschloss-korntal.de; 18 Zimmer ●●●●**

anzeigt. Ihr Schöpfer, der Mathematiker, Astronom und Pfarrer Johannes Stöffler, hatte sie ursprünglich im ersten Stock anbringen lassen, so dass sie gut zu erkennen war. Erst Mitte des 19. Jh. wurde sie im Rahmen eines Umbaus nach oben verlegt.

Die Haaggasse beginnt links am Rathaus und führt nach wenigen Metern zu einem kleinen Gässchen, dessen Stufen in die Burgsteige und hinauf zum Schloss geleiten. Fahrradfahrer können direkt die Burgsteige wählen, die ebenfalls am Marktplatz beginnt. An deren Ende kanalisiert das Untere Schlosstor die Wege der Besucher. Friedrich I., Herzog von Württemberg, ließ es Anfang des 17. Jh. als Renaissance-Portal errichten. Im Zentrum über dem Friedrichstor prangt das württembergische Wappen, eskortiert von zwei Soldaten mit Gabelbüchse und Zweihandschwert. Der Müllcontainer, der beim Besuch die Sicht behindert, scheint übrigens aus dem 21. Jh. zu stammen.

Bevor man das Schloss passiert, lohnt ein Blick auf die Fachwerkhäuser und Giebeldächer der engen Altstadt sowie auf den Österberg, den höchsten Punkt Tübingens mit dem Sendeturm.

Bereits im Jahr 1078 wehrte Graf Hugo von Tübingen die Angriffe von Kaiser Heinrich IV. ab, der ihn als Anhänger des Gegenkönigs Rudolf von Schwaben bekämpfte. Das heutige Renaissanceschloss Hohentübingen initiierte Herzog Ulrich Mitte des 16. Jh. Seit 1816 wird ein Großteil der Räume von der Universität genutzt. Im Schloss »versteckt« sich auch die älteste

**Hotel Hospiz Tübingen**
Unterhalb des Schlosses, in unmittelbarer Nähe zum Tübinger Marktplatz, ist dieses Hotel mit Standardkomfort dank seiner Lage ein empfehlenswerter Anlaufpunkt für Stadterkundungen. Einige Zimmer sind etwas kleiner, bei einem längeren Aufenthalt sollte man ein größeres reservieren.
**72070 Tübingen, Neckarhalde 2; Tel. 07071/924-0; www.vch.de/hospiz.tuebingen; 50 Zimmer**
●●●/●●●● AmEx MASTER VISA

*Farbenfrohe Fassade: Das Tübinger Rathaus wurde erst 1877, zum Jubiläum der Universität, derart kunstvoll verziert.*

Kirche Tübingens. Die Johanneskapelle existiert seit dem 12. Jh. und dient heute als »Trainingsplatz« evangelischer Theologen. Deshalb kann die Kirche, trotz der interessanten Holzvertäfelungen und Wandmalereien, nicht besichtigt werden.

*»Götterdämmerung«: Tübinger Bismarck-Denkmal.*

### Tübingen ···> Wurmlinger Kapelle

Der Weg verläuft geradeaus über den Innenhof des Schlosses, durch das hintere, kleine Tor hindurch, das über einen kleinen Tunnel unterhalb des Westflügels ein paar Stiegen hinunter und hinter dem Schloss auf den Main-Neckar-Rhein-Wanderweg führt. An einem Baum bestätigt die Pilgermuschel dem Wanderer, auf dem richtigen Weg zum nächsten Etappenziel zu sein, der Wurmlinger Kapelle (6 km). Es geht vorbei an den hochherrschaftlichen Villen einiger Tübinger Burschenschaften, die Schlossbergstraße entlang, von der der Lichtenberger Weg links abzweigt. Wer nun der Muschelmarkierung folgt, wird zum Bismarckturm geleitet, einem 16 m hohen Monument mit stilisierten Säulen aus Tuff- und Sandstein: ein kalter, schmuckloser, wuchtiger Klotz – und dennoch ein Ehrenmal der deutschen Geschichte.

Nationalbewusste Studenten regten nach dem Tod des Reichsgründers Otto von Bismarck 1898 den Bau eines Denkmals an. Sieger des Wettbewerbs wurde der Architekt Wilhelm Kreis, der zuvor den Wettbewerb um das Völkerschlachtdenkmal zu Leipzig gewonnen hatte – den Auftrag aber seinerzeit nicht bekam. Kreis, bekannt für Monumental-Ästhetik, wurde später Mitarbeiter von Hitlers »Baumeister« Albert Speer und 1943 Präsident der Reichskammer der Bildenden Künste. Um die Jahrhundertwende entwarf er für das Bismarck-Projekt das Denkmal »Götterdämmerung«, dessen Grundidee sich in 47 Bismarck-Denkmälern manifestierte. Der Tübinger Bismarckturm ist als monumentale Feuersäule konzipiert, bis zur Renovierung 1999 trug die obere Plattform eine Feuerschale. Die Idee der Studenten war einst, an einem Tag zu Ehren Bismarcks auf allen Götterdämmerungs-Monumenten in Deutschland zeitgleich ein Feuer zu entzünden. Verwirklicht wurde diese Idee nie, angeblich konnte man sich nicht auf ein gemeinsames Datum einigen und böse Zungen behaupten, dass am 1. April – Bismarcks Geburtstag – die Semesterferien wichtiger waren. Nur an Wochenenden geöffnet, bietet Kreis' Turm einen wunderbaren Ausblick ins Neckar- und Ammertal.

Die nächsten 5 km führen nahtlos von Tübingen über den Rücken des Spitzberges. Wer nun auf den Waldwe-

#### Museum Schloss Hohentübingen

Die ständige Sammlung zeigt hauptsächlich archäologische und völkerkundliche Kunstschätze, darunter eine altägyptische Grabkammer.
**72070 Tübingen, Burgsteige 11; Tel. 07071/2977384, www.uni-tuebingen.de/museum-schloss; Mai–30. Sept., Mi–So 10–18, 1. Okt.–30. April, Mi–So 10–17 Uhr; Eintritt ca. 4 €**

**Schwärzlocher Hof**
Etwa 3 km vom Tübinger Marktplatz entfernt liegt diese Gartenwirtschaft inmitten von Obstwiesen. Die Küche offeriert lokale Spezialitäten, darunter einen Obstmost, der im eigenen Gewölbekeller reift. Herzhaft munden die schwäbischen Vesperplatten. Der originellste Raum ist der Chor einer früheren Kirche – denn Schwärzloch gehörte im 12. Jh. zum Kloster Blaubeuren.
**72070 Tübingen, Schwärzlocher Hof 1; Tel. 07071/43362; www.schwaerzloch.de; Mi–So 11–22 Uhr**
●

gen der Pilgermuschel folgt und immer den Pfad nimmt, der oben entlangführt, landet auf der höchsten Erhebung des Spitzberges, dem Wurmlinger Kapellenberg, mit der Sankt-Remigius-Kapelle auf dem Gipfel.

Die kleine Kirche regte immer wieder schwäbische Dichter an, ihre Eindrücke in Versen festzuhalten. Nikolaus Lenau widmete 1832 sein Gedicht »Die Wurmlinger Kapelle« dem romantischen Ort und zuvor fühlte sich Ludwig Uhland – nach einem Spaziergang mit Freunden von Tübingen nach Wurmlingen – inspiriert, der Kapelle ein poetisches Denkmal zu setzen.

***Die Kapelle***

*Droben stehet die Kapelle,*
*Schauet still ins Tal hinab.*
*Drunten singt bei Wies' und Quelle*
*Froh und hell der Hirtenknab'.*
*Traurig tönt das Glöcklein nieder,*
*Schauerlich der Leichenchor,*
*Stille sind die frohen Lieder,*
*Und der Knabe lauscht empor.*

*Droben bringt man sie zu Grabe,*
*Die sich freuten in dem Tal.*
*Hirtenknabe, Hirtenknabe!*
*Dir auch singt man dort einmal.*

(Ludwig Uhland, 1805)

Die Anhöhe ist durch eine Talsenke vom Spitzberg abgesetzt und diese exponierte Stellung auf 475 m Höhe gab seither zu allerlei Spekulationen Anlass. Hinweise liefert bereits der Ortsname Wurmlingen. Er stammt von »Lindwurm« (altdeutsch für Schlange) ab, einem furchterregenden Drachen mit langen Schwanz und kurzen Beinen. Das Fabeltier symbolisiert das Wappen des Rottenburger Stadtteils und ziert die Außenseite der Pfarrkirche St. Briccius in einem riesigen Gemälde, das den Erzengel Michael im Kampf gegen das Ungetüm darstellt. Das Fabelwesen soll einst in der Nähe des Kapellenberges gehaust haben. Daher lag die Vermutung nahe, die Erhebung sei eine heidnische Kultstätte gewesen. Ausgrabungen belegten zwar, dass der Berg seit mehr als 3800 Jahren besiedelt ist, doch Hinweise für okkulte Inszenierungen fanden sich nicht.

Der Bau der Kapelle wurde laut einer Sage von Graf Anselm von Calw initiiert. Er soll verordnet haben, dass zwei Ochsen – die zuvor noch nie einen Karren gezogen hatten – den Wagen mit dem Sarg seines Leichnam ohne Führer ziehen sollten, bis sie still stünden. An dieser Stelle sollte eine Kapelle gebaut und alljährlich der Stiftungstag durch eine heilige Messe und ein großes Fest begannen werden. Dieser »Calwer Jahrtag« wurde 1050 gestiftet, Aufzeichnungen beschreiben seinen Ablauf allerdings erst ab dem 14. Jh. Das Fest wurde mit einem opulenten Mahl begangen, dessen Reste an die armen Leute der Umgebung verteilt wurden.

Tatsache ist, dass die erste Kapelle bereits im 7. oder 8. Jh. errichtet wurde. Im 12. Jh. entstand ein romanischer Kirchenbau, dessen Krypta noch heute erhalten ist. 1644 brannte das Gebäude nieder und wurde 1681 in seiner heutigen Form wieder aufgebaut. Die Kapelle war einst ein bekannter Wallfahrtsort und ist heute ein beliebtes Ausflugsziel: Bei schönem Wetter ist sie vom 1. Mai–31. Okt. immer sonntags zwischen 10 und 16 Uhr geöffnet. Zu den anderen Zeiten kann der Schlüssel gegen eine kleine Gebühr beim Pfarrhaus in der Lindenstraße 2 neben der Dorfkirche ausgeliehen werden. Am ersten Sonntag im Juli feiert die katholische Kirchengemeinde noch heute auf dem Berg den Calwer Jahrtag.

Der Kapellenberg gehört zum Gebiet Hirschauer Berg – er steht unter Naturschutz, als besonders wertvoll

**Baggersee Hirschau**
Knapp 20 Minuten von der Wurmlinger Kapelle entfernt, hat sich der Baggersee in Hirschau zu einem beliebten Freizeitziel an heißen Sommertagen entwickelt. Von Wurmlingen führt die Hirschauer Straße in den Tübinger Vorort. Der Baggersee liegt neben dem Industriegebiet, nahe des Neckars.

*Herausgehobene Position: Nach dem Aufstieg zur Wurmlinger Kapelle bietet sich eine prächtige Aussicht in das Umland – das Ammer- und Neckartal.*

*Kleinstadt mit historischem Kern: In Rottenburg am Neckar lädt das autofreie Zentrum zum gemütlichen Bummel auf Kopfsteinpflaster ein.*

gilt die Wacholderheide am Nordhang: Hier wachsen neben der Wacholder auch Silberdistel, Deutscher Enzian und eine Orchideenart, der Mücken-Händelwurz. Noch heute weiden Schafe am Kapellenberg und tragen zum Fortbestand dieser Kulturlandschaft bei. Herrlich der Ausblick vom Kapellenberg: Das Ammer- und das Neckartal liegen dem Wanderer zu Füßen.

**Sumelocenna**
Das Museum widmet sich dem Alltag in Rottenburg zur Zeit der Römer. Höhepunkt ist eine 32 m lange, für diese Zeit überraschend komfortable Hygieneanlage.
**72108 Rottenburg, Am Stadtgraben; Tel. 07472/165-371; Di–Fr 10–12, 14–16.30, Sa, So 10–16.30 Uhr; Eintritt ca. 2,50/3 €**

### Wurmlingen ⇢ Rottenburg

Die Straße hinab nach Wurmlingen führt an Schaukästen vorbei, die die Stationen des Lebens Jesu darstellen. Im Tal wendet man sich am Parkplatz nach links und läuft über die Hirschauer Straße durch den Ort, folgt ihr aber nicht im Linksknick Richtung Rottenburg, sondern deren Verlängerung in die Uhlandstraße. Nach wenigen Metern biegt links die Almenstraße ab und führt auf den Hohenzollern-Radweg, der sich über 200 km von Esslingen bis nach Radolfzell an den Bodensee zieht. 20 Min. später beginnt die Gemarkung der Stadt Rottenburg. Die Seebronner Straße links abgebogen, den Eugen-Bolz-Platz überquert, steht man nun auf dem Marktplatz der historischen Altstadt von Rottenburg mit Blick auf den Dom.

Die Ursprünge von Rottenburg am Neckar gehen bis auf die Kelten zurück. Im ersten Jh. n. Chr. gründeten die Römer hier die Siedlung Sumelocenna. Um 260 zogen sich die Römer zurück, nachdem die Alemannen den Limes erstürmt hatten. Die Stadt zerfiel und wurde erst um 1280 neu gegründet. Wahrzeichen ist der Dom St. Martin, der aus dem 15. Jh. stammt.

Obwohl unbedeutender als die Residenz- und Hauptstadt von Württemberg, wurde Rottenburg 1828 Sitz der Diözese. Denn: In Stuttgart regierte ein protestantischer Monarch, König Karl I., die Katholiken wichen notgedrungen aus.

Sehenswert ist auch der Marktbrunnen vor dem Dom mit der gotischen Brunnensäule. Die Skulpturen zeigen (wahrscheinlich) den Habsburger Kaiser Friedrich III. sowie die Erzherzöge Sigmund von Tirol und Sigmund IV. von Tirol – bis zum Anschluss an Württemberg 1805 gehörte Rottenburg zu Österreich. Die Marktstraße am Dom führt zu einer Fußgängerbrücke über den Neckar, an dem man wunderschön sitzen und die Blicke schweifen lassen kann, und mündet in die Bahnhofsstraße. Diese wiederum endet dort, wo die Züge zurück nach Tübingen oder zu anderen Stationen auf den Pilgerwegen Richtung Santiago de Compostela fahren.

**Mosaik**

Das »Bistro mediterranée« wartet mit einer exzellenten Lage auf – direkt am historischen Marktplatz – und bietet Sonnenplätze mit Blick auf Dom und Marktbrunnen. Die Küche komponiert leichte Gerichte, ein wenig italienisch, ein bisschen griechisch, un peu französisch.
**72108 Rottenburg, Am Marktplatz 22; Tel. 07472/980187; www.ragaro.de; Mo–Do 9–0.30, Fr, Sa 9–3, So 10–0.30 Uhr** ●

*Wiesen, Wälder, alte Städte: Vom Schönbuch führt die Tagestour über Tübingen und die Wurmlinger Kapelle nach Rottenburg, 19 interessante Kilometer lang.*

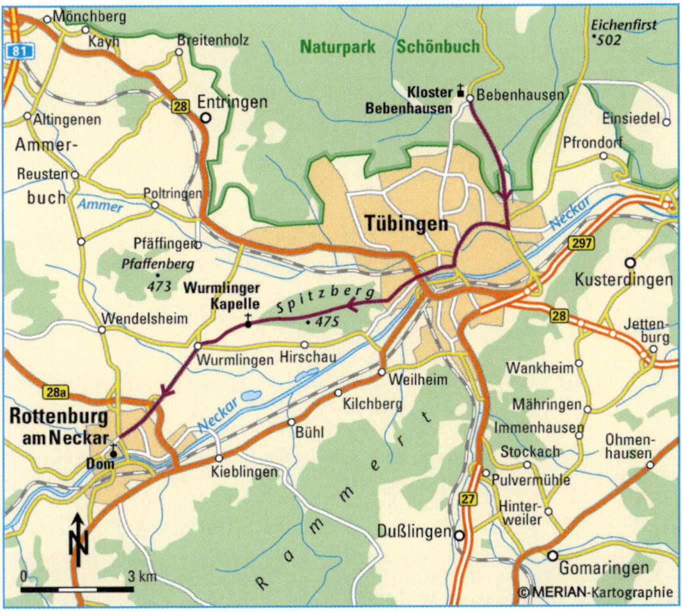

# Wissenswertes über Pilgern in Deutschland

*Der Weg ist das Ziel: Pilgern bedeutet alte Wege zu verlassen, neue Pfade zu entdecken und die Welt mit anderen Augen wahrzunehmen.*

Was muss mit, wo komme ich unter, wer hilft mir? Pilgern von A–Z liefert Informationen und Tipps für die optimale Vorbereitung auf eine erlebnisreiche Pilgertour.

# Nützliche Adressen und Reisetipps

**Auskunft**

Bei folgenden Adressen kann Informationsmaterial angefordert werden, hier hilft man auch bei der Reiseplanung.

*Norddeutschland*

**Deutsches Küstenland e. V.**

Hier gibt es umfassende Informationen zu Meer, Strand, Wassersport und Radwegen.

**23552 Lübeck, Holstentorplatz 1; Tel. 04 51/4 09 19 07, Fax -4 09 19 90; www.deutsches-kuestenland.de**

**Landesmarketing Sachsen-Anhalt**

Das schöne, seichte Land mit all seinen landschaftlichen Finessen wird gut aufbereitet vorgestellt. Viele praktische Informationen.

**39104 Magdeburg, Am Alten Theater 6; Tel. 03 91/5 67-70 80, Fax -5 67-70 81; www.sachsen-anhalt-tourismus.de**

**Nordrhein-Westfalen Tourismus**

Das Land ist groß und abwechslungsreich. Im Internet ist alles unter einen Hut gebracht. Ausführliche Infos über alle Städte und Landschaften.

**50668 Köln, Worringer Str. 22; Tel. 02 21/1 79 45-0, Fax 1794517; www.nrw-tourismus.de**

**Münsterland Touristik**

Die frisch gestaltete Seite fasst zusammen, wo und wie man sich in der Region bewegen kann. Alles über die umfangreichen Radwandernetze, Kulturstätten und Parks.

**48565 Steinfurt, An der Hohen Schule 13; Info-Tel. 08 00/9 39 29 19; www.muensterland-tourismus.de**

**Thüringen Tourismus**

Alles über Luther, Elisabeth und das Reiseland Thüringen, dazu Thüringen »sprudelnd, wanderbar, sagenhaft, stadtlich« – kurzum: alle Infos und noch viel mehr.

**99099 Erfurt, Weimarsche Str. 45; Tel. 03 61/3 74 2-0, Fax -3 74 23 88; www.thueringen-tourismus.de**

**TMB Tourismus-Marketing Brandenburg**

Gute Gesamtübersicht von Essen und Trinken über Veranstaltungen bis zum Übernachten. Prospekte auch als Downloads.

**14467 Potsdam, Am neuen Markt 1; Tel. 03 31/2 00 47 47; www.reiseland-brandenburg.de/**

**Tourismusverband Spreewald e. V.**

Informative Seite mit Schwerpunkt auf Wassersport und Kahnfahrten.

**03226 Vetschau/Spreewald; Tel. 03 54 33/7 22 99, Fax -7 22 28; www.spreewald.de**

**Tourismusverband Uckermark/ Barnim**

Naturreich, so ist die Mark Brandenburg. Die Projektseite der Region gibt unzählige Tipps zu Ausflügen und klärt über die jahrtausendealte Landschaft auf. Einladend!

**17291 Prenzlau, Grabowstr. 6; Tel. 0 39 84/ 83 58 84, Fax –83 58 85; www.naturreich.de/**

**Tourismus Marketing Niedersachsen**

Ausgezeichnete Seiten für Reisen zu Fuß, per Rad oder Auto, Unterkünfte, Veranstaltungen. Frisch und einladend aufbereitet. Extra: Ferienstraßen und barrierefreies Reisen.

**30159 Hannover, Theaterstr. 4–5; Info-Tel. 0 18 05/18 07 00 (kostenpflichtig); www.reiseland-niedersachsen.de**

**Tourismusverein Altes Land e.V.**

Seite mit schönen Bilder, die Appetit aufs Alte Land machen. Viele Informationen, vor allem über Radtouren.

**21718 Mittelnkirchen, Postfach 11 11; www.tourismus-altesland.de**

**Tourismuszentrale Mecklenburg-Vorpommern**
Aufwändig gemachte Seiten des nordöstlichsten Reiselandes mit allen Orten, Sehenswürdigkeiten und Unternehmungen.
**18059 Rostock, Platz der Freundschaft 1; Tel. 03 81/4 03 05 00, Fax –4 03 05 55; www.auf-nach-mv.de**

***Süddeutschland***
**Bayern Tourismus Marketing**
Offizielles Internet-Portal mit Verweisen zu allen Regionen und vielen Städten in Bayern.
**www.bayern.by**

**Tourismusverband Franken**
Infos und Links zu mehr als 460 Orten in Franken.
**90461 Nürnberg, Wilhelminenstr. 6; Tel. 09 11/9 41 51–0; www.frankentourismus.de**

**Allgäu Marketing**
Basisinformationen zur Alpenregion; Specials zu »Badeseentemperaturen« oder »Bergbahnen & Wandergebiete«.
**86015 Augsburg, Postfach 102529; Tel. 0 18 05/12 70 00 (0,12 €/min); www.allgaeu.info**

**Tourismusverband Allgäu/ Bayerisch-Schwaben**
Kurzportrait der Region und ihrer Städte. Schwerpunktthemen wie z. B. »Kirchen & Klöster« oder »Historische Städte«.
**86150 Augsburg, Fuggerstr. 9; T el. 08 21/45 04 01-0; www.bayerisch-schwaben.de**

**Tourismusverband München Oberbayern**
Der Verband versorgt die Gäste mit Informationen und Verweisen vom Münchner Umland bis Berchtesgaden und Zugspitze.
**81203 München, Postfach 600320; Tel. 0 89/82 92 18-0; www.oberbayern-tourismus.de**

**Tourismus-Marketing Baden-Württemberg**
Das Bundesland auf einen Blick: Interaktive Karte anklicken und sich Sternerestaurants, Heilbäder oder Badeseen anzeigen lassen.
**70182 Stuttgart, Esslinger Str. 8; Tel. 07 11/2 38 58-0; www.tourismus-bw.de**

**Rheinland-Pfalz Tourismus**
Anlaufstelle für weiterführende Informationen zur Region. Stichwort in die Suchfunktion eingeben und weiterklicken.
**56068 Koblenz, Löhrstr. 103–105; Tel. 02 61/9 15 20-0 ; www.rlp-info.de**

**AUSRÜSTUNG**
Eine Faustregel besagt, dass ein Rucksack nicht schwerer als zehn Prozent des Körpergewichtes seines Trägers sein sollte. Die folgende Aufzählung versteht sich als Orientierungshilfe.

***Tagestour***
Rucksack; (gut eingelaufene) Wander- oder Joggingschuhe; Mikrofaserkleidung; atmungsaktive Hose mit abnehmbaren Hosenbeinen; Hut oder

*Wohin führt der Weg? Auch beim Pilgern sind Hilfsmittel erlaubt …*

Mütze als Sonnenschutz; Sonnenbrille; Regencape; Fleecepulli; Badekleidung; Handtuch; Outdoorsandalen; eventuell Wanderstock; Sonnenschutzmittel; Insektenschutzmittel; Mineralwasser; Müesli-Riegel (ohne Zucker) oder Trockenfrüchte oder gesalzene Erdnüsse; Kompass oder GPS-Gerät; Wanderkarte; Handy.

### *Mehrtägige Touren*

zusätzlich oder alternativ zur Ausrüstung einer Tagestour: Trekking-Rucksack; Taschenlampe; Allzweckmesser; Toilettenpapier oder Taschentücher, feuchte Tücher; Wanderstock; Wanderstiefel; Daunenschlafsack; Iso-Matte; Ohropax (um sich vor Schnarchern in Herbergen zu schützen); Leukoplast oder Blasenpflaster zur Vorbeugung (empfindliche Stellen an den Füßen schützen!); Unterwäsche, Socken und T-Shirt zum Wechseln; Handwaschmittel; Kulturbeutel mit persönlichem Bedarf.

## Barrierefrei reisen

### Barrierefrei im Urlaub

Das kommerzielle Internet-Portal www.fernweh.com spuckt über seine Suchfunktion (Stichwort »barrierefrei«) eine Linksammlung aus, die spezialisierte Angebote für behinderte Urlauber enthält.

**www.fernweh.com**

### Barrierefrei mobil

Diese Initiative des Bundesverbandes Selbsthilfe Körperbehinderter vereint in seinem Portal die Ferienregionen Brandenburg, Erfurt und das Starnberger-Fünf-Seen-Land mit konkreten Angeboten für seine Zielgruppe.

**www.barrierefrei-mobil.de**

### Bundesverband Selbsthilfe Körperbehinderter

Eine wichtige Adresse für Menschen mit Handicap: tagesaktueller Pressespiegel sowie der BSK-Reiseservice für einen barrierefreien Urlaub. Die Ferienziele können online geladen oder beim Verein in gedruckter Version bestellt werden.

**74238 Krautheim, Altkrautheimer Str. 20; Tel. 06294/4281-0; www.bsk-ev.org**

### Gesetz zur Gleichstellung behinderter Menschen

Was steckt hinter dem Juristendeutsch des Erlasses von 2002? »Netzwerk Artikel 3«, der Verein für Menschenrechte und Gleichstellung Behinderter, hat die Paragrafen entschlüsselt und in allgemein verständlichen Worten mit Unterstützung von Beispielen im Internet unter dem Stichwort »Dokumente« veröffentlicht.

**34119 Kassel, Kölnische Str. 99; Tel. 0561/9977172; www.netzwerk-artikel-3.de**

### Handicap-Info

Dieser Behinderten-Ratgeber – betrieben von einem gemeinnützigen Verein – spannt über seine Internet-Seite ein bundesweites Informationsnetz für behinderte Menschen: aktuelle Infos aus Politik und Kultur, Städteführer und viele Links zu weiterführenden Angeboten.

**www.handicap-info.de**

## Buchtipps

### Monika Hanna
### Der Münchner Jakobsweg

In zehn Tagesetappen beschreibt Monika Hanna mit sehr persönlichen Eindrücken die Pfade von der Münchner Innenstadt nach Lindau und Bregenz.

**Langen-Müller-Verlag, 2004**

### Fritz Fenzl
### Der bayerische Jakobsweg

Der Autor nimmt den Leser mit auf den Pilgerweg von Passau nach Lindau und legt besonderen Wert auf spirituelle Orte und Erfahrungen.

**Nymphenburger-Verlag, 2005**

**Wolfgang W. Meyer**
**Jakobswege**
Wolfgang W. Meyer hat im Auftrag des Europa-Zentrums Baden-Württemberg die Jakobswege in Südwestdeutschland erkundet und ausgezeichnet.
**Silberburg-Verlag, 2005**

**Christoph Kasch**
**Jakobsweg: von Tillyschanz nach Konstanz**
Den 560 km langen Weg von Tillyschanz zum Bodensee unterteilt Kasch in 24 Etappen, die dank der Anreise-Informationen auch nach und nach bewältigt werden können.
**Outdoor-Handbuch 142, Conrad-Stein-Verlag, 2004**

**Miriam Kauko**
**Urlaub im Kloster**
Die Autorin wählt die 100 schönsten Klöster in Deutschland, Österreich und der Schweiz aus; Infos zu Unterkunftsmöglichkeiten und Sightseeing-Tipps.
**MERIAN guide, Travel-House-Media-Verlag, 2005**

**Paulo Coelho**
**Auf dem Jakobsweg**
Coelho, Mitglied einer katholischen Bruderschaft, spickt seine Pilgerreise nach Santiago de Compostela mit mystischen und spirituellen Erfahrungen.
**Diogenes-Verlag, 2000**

**Carmen Rohrbach**
**Jakobsweg – Wandern auf dem Himmelspfad**
Die weitgereiste Journalistin schreibt eine Mischung aus Tagebuch und praktischem Ratgeber. Gut lesbar.
**Sierra Taschenbuch, Juli 2004**

**Michael Holzach**
**Deutschland umsonst. Zu Fuß und ohne Geld durch ein Wohlstandsland**
Das Kultbuch der 80er-Jahre bringt dem Leser nah, wie er mit allerlei Geschehnissen und Menschen, auf die er unterwegs trifft, umgehen kann. An Dramatik und Aktualität kaum zu überbieten!
**Hoffmann und Campe, letzte Auflage 2001**

**Hape Kerkeling**
**Ich bin dann mal weg. Meine Reise auf dem Jakobsweg**
Völlig unprätentiös beschreibt der bekannte Komiker, wie er jeden Tag näher zu sich selbst und schließlich auch zu Gott findet. Am Ende jeder Etappe zieht er ein Fazit aus dem Erlebten. Amüsant und lesenswert!
**Malik, 2006**

**Jürgen Kaiser**
**Jakobswege in Deutschland**
Im großformatigen Hardcoverband erfährt man viel über Kirchen und Geschichte der mittelalterlichen Pilger in Deutschland, vor allem im Süden. Informativ und reich bebildert.
**Theiss, 2006**

**Auf dem Jakobsweg – ein Audio-Dossier zur Pilgerreise nach Santiago de Compostela**
Die Frankfurter Allgemeine Zeitung hält eine umfassende Zusammenstellung aus 11 Jahren ganz unterschiedlicher Zeitungsberichte, die den Jakobsweg thematisieren, zum Download im Internet bereit. Mehr als 2 Stunden Hörerlebnis!
**€ 14,90; www.faz-audio.de**

### Camino

spanisch, zu deutsch: Weg. Unter Pilgern das Pseudonym für die Jakobswege.

### Compostela

spanisch, zu deutsch: Sternenfeld. So nennt man jene Urkunde, die das Pilgern bis Santiago de Compostela belegt. Die Kathedrale in Galicien gibt in ihrem Pilgerbüro das Zertifikat an denjenigen aus, der die letzten 100 km zu Fuß oder die letzten 200 km per Rad oder Pferd zurückgelegt hat.

### Credencial del Peregrino

spanisch, zu deutsch: Pilgerurkunde; Pilgerpass/Pilgerbrief.

*Anruf genügt: die Cityräder der Bahn werden telefonisch entriegelt.*

### Fahrradverleih

In Berlin, Frankfurt, Köln, München und Stuttgart bietet die Deutsche Bahn einen besonderen Service für Touristen, die die Großstadt mit dem Fahrrad erkunden wollen: Silberfarbene Drahtesel mit rotem Kettenschutzblech, an denen ein grünes Lämpchen blinkt, können per Telefonanruf ausgeliehen werden. Die Räder sind an prominenten Plätzen in der Innenstadt verteilt und können an diesen abgestellt werden, ohne am Ausgangspunkt abgegeben werden zu müssen. Nur in Stuttgart müssen die Räder am Hauptbahnhof abgeholt und zurückgebracht werden. Eine einmalige Registrierung ist unter der Rufnummer 07000/5225522 notwendig. Abgerechnet wird nach Ausleihdauer: 7 Cent pro Minute, 15 € maximal am Tag. Der Betrag wird direkt vom Konto abzogen oder über die Kreditkarte abgerechnet.

**Tel. 0 70 00/5 22 55 22; www.callabike.de**

Darüber hinaus bietet die Bahn gemeinsam mit Partnerfirmen an mehr als 250 Orten den Verleih von Fahrrädern an. Die Kosten liegen zwischen 3 und 12,70 € pro Tag, je nach Fahrradart.

**Tel. 0 18 05/15 14 15 (12 ct/Min.); www.bahn.de/bahnundbike**

### Heiliges Jahr

Im 15. Jh. führte die Kirche das Heilige Jahr ein. Es wiederholt sich, sobald der 25. Juli – der Jakobstag – auf einen Sonntag fällt. 2004 war das letzte, 2010 wird das nächste Heilige Jahr sein. Die Besucherzahlen in Santiago de Compostela (→ S. 121) steigen dann drastisch an.

### Internet

Die Auswahl der folgenden Adressen gibt Hintergrundinformationen zum Thema oder verweist auf weitere Pilgerwege.

**www.crossbot.de**

Suchmaschine der Evangelischen Kirche. Alle wichtigen Begriffe und Zusammenhänge sowie Verbände und Vereinigungen sind leicht zu finden.

**http://www.dorfkirchensommer.ekbo.de/**

Die Fahrt über Land zeigt, wie viele kleine Kirchen es gibt. Jede für sich und alle gemeinsam veranstalten im Sommer Konzerte, Ausstellungen, Events. Zusammengefasst unter einer Website der Evangelischen Kirche.

**www.fontaneseite.de**

Hier hat sich ein Kenner wahrlich Mühe gegeben. Liebevolle Seite, die

Biografie, Bibliografie, Bilder und Leseproben – kurzum alles über den großen Brandenburger Volkspoeten enthält.

**http://hanse.wisis.de**
Die umfassende Seite kann in Staunen versetzen. Wer hätte gedacht, dass es weit mehr als 200 Hansestädte gab? Ausführliche Darstellung der deutschen Hansegeschichte mit Glossar: Ursprung und, Krisen und Niedergang. Wichtige Daten, Liste aller Hansestädte, Karten.

**www.jakobus-info.de**
Diese private Website empfiehlt sich als Startpunkt für eine virtuelle Pilgerreise: viele Hintergrundinfos und Verweise auf weiterführende Seiten.

**http://www.luther-zentrum.de**
Wer den Weg in die Lutherstädte plant, tut gut daran, sich vorher auf der umfassenden Lutherseite zu informieren.

**www.oekumenischer-pilgerweg.de**
Diese Route führt auf alten Wegen über 420 km durch Sachsen, Sachsen-Anhalt und Thüringen. Ein gut gemachter Pilgerführer samt Pilgerausweis ist für ca. 12 € zu bestellen.

**www.pilgerreisen.de**
Das Bayerische Pilgerbüro organisiert im Auftrag der Diözesen seit 1925 Reisen zu Wallfahrtsorten in der ganzen Welt.

**www.pilgerweg-vianova.eu**
Ausführliche Beschreibung der Via Nova, einer Pilgerstrecke, die sich über 255 km von Deggendorf nach St. Wolfgang am Mondsee in Österreich erstreckt.

**www.pilgerzeichen.de**
Die theologische Fakultät der Humboldt-Universität Berlin hat in diesem Projekt spätmittelalterliche Wallfahrtsorte katalogisiert und heilige Kultobjekte online zur Ansicht gestellt.

### Jakobsmuschel

Die Jakobsmuschel ist das Erkennungszeichen aller Pilger, die sie zumeist am Rucksack tragen. Früher wurde die Schalenklappe an Wallfahrtsorten verkauft und war eine wichtige Finanzierungsquelle. Bis zum 13. Jh. diente sie gar als Pilgernachweis. Eine Legende besagt, dass ein Adeliger einst dem Schiff entgegengeritten sein soll, das den Leichnam Jakobus nach Spanien überführte. Der Reiter verunglückte im Wasser, konnte sich aber – über und über mit Muscheln übersät – retten.

### Jakobus der Ältere

Er war einer der zwölf Apostel und dient als Schutzpatron nicht nur Pilgern, sondern u. a. auch Arbeitern, Apothekern und Hutmachern – sowie als Schutzheiliger Spaniens. Beim Bau der Kathedrale in Santiago de Compostela fand man im 9. Jh. ein Grab, dessen Gebeine dem Apostel zugerechnet wurden.

### Jakobusgesellschaften

Diese Vereinigungen unterstützen Pilger bei der Planung und Durchführung ihrer Reisen. Sie geben Tipps zu Ausrüstung, Unterkunftsmöglichkeiten und Reiseplanung; manche publizieren eigene Informationsblätter und stellen Pilgerbriefe. Die erste Jakobusgesellschaft entstand übrigens 1950 in Frankreich.

**Deutsche St.-Jakobus-Gesellschaft**
Diese überkonfessionelle, bundesweite Vereinigung besteht seit 1987. Sie berät Pilger, unterstützt regionale Pilgervereinigungen und erforscht in deutschsprachigen Raum Quellen des Pilgertums.
**52068 Aachen, Tempelhofer St. 21; Tel. 02 41/47 90-1 27; www.deutsche-jakobus-gesellschaft.de**

**Badische St. Jakobusgesellschaft**
c/o Christophorus Jugendwerk Oberrimsingen, 79206 Breisach-Oberrimsingen, Im Jugendwerk 1; Tel. 0 76 64/4 09-2 00; www.badische-jakobusgesellschaft.de

**Fränkische St.-Jakobus-Gesellschaft Würzburg**
97769 Bad Brückenau, Heinrich-v.-Bibra-Str. 17; Tel. 0 97 41/33 76; www.jakobus-gesellschaften.de

**Freundeskreis der Jakobswege in Norddeutschland**
c/o Bernhard Weber, 17440 Pulow, Bergstr. 17; Tel. 01 73/9 83 70 55; www.jakobsweg-norddeutschland.de

**Freundeskreis der Jakobuspilger Paderborn**
c/o Gesine de Castro, 33100 Paderborn, Am Niesenteich 9; Tel. 0 52 51/46 25; www.jakobusfreunde-paderborn.de.vu

**Jakobusbruderschaft Killer**
72393 Burladingen-Killer, Hohe Str. 13; Tel. 0 74 77/7 66; www.jakobusbruderschaft-killer.de

**Jakobusgemeinschaft Rohrdorf**
83110 Rohrdorf, Sankt-Jakobus-Platz 3; Tel. 0 80 32/52 52; www.jakobusgemeinschaft.de

**Jakobus-Pilgergemeinschaft Augsburg**
86368 Gersthofen, Kirchstraße 2d, Tel. 08 21/29 93 97 12; www.jakobuspilgergemeinschaft-augsburg.de

**Pilger vom Weg nach Santiago de Compostela**
86609 Donauwörth, Deutschmeisterring 101; Tel. 09 06/66 45; www.jakobus-info.de/jakobuspilger/donau.htm

**Sankt Jakobusbruderschaft Düsseldorf**
42653 Solingen, Lützowstr. 245; Fax 02 12/81 57 47; www.jakobusbruderschaft.de

**St. Jakobusbruderschaft Trier**
54290 Trier, Krahnenufer 19; Fax 06 51/9 45 12 17; www.sjb-trier.de

**St. Jakobus-Gesellschaft Berlin-Brandenburg**
16766 Kremmen, Moorhof 1; Tel. 03 30 55/2 12 92

**St. Jakobus-Gesellschaft Rheinland-Pfalz-Saarland**
c/o Wolfgang Steffen, 66119 Saarbrücken, Augustinerstr. 8, Tel. 06 81/9 85 00 82
c/o Roland Zick, 55621 Hundsbach, Im Pfad 1; Tel. 0 67 57/13 34; www.jakobusgesellschaft.eu

**St. Jakobus-Gesellschaft Sachsen-Anhalt**
39104 Magdeburg, Neustädter Str. 4; Tel. 01 78/1 57 08 47 (Di, Do 9–13 Uhr)

**Santiago-Freunde Köln**
c/o Robert Recht, 50739 Köln, Wilensteinweg 13; Tel. 02 21/1 70 14 23

**Schwäbische Jakobusgesellschaft**
Stiftung Haus St. Jakobus, 89610 Oberdischingen, Kapellenberg 58–60; Tel. 0 73 05/91 95 75 o. 91 94 73; www.haus-st-jakobus.de

### Kartenmaterial

Nicht alle Wege sind optimal ausgezeichnet, daher sind Wanderkarten auf manchen Etappen unersetzlich. Die Landesvermessungsämter geben topografische Karten im Maßstab 1:50 000 sowie 1:25 000 heraus, die Pilgern die optimale Navigation erlauben. Erstere stellen eine Region von etwa 24 mal 22 km dar. Die Karten werden über den Buchhandel vertrieben. In größeren Städten haben sich geografische Buchhandlungen auf den Verkauf von Landkarten spezialisiert. Beim bayerischen Landesamt für Vermessung und Geoinformation (80538 München, Alexandrastr. 4; Tel. 0 89/21 29-11 11, Fax 0 89/21 29-11 13; www.geodaten.bayern.de) lässt

*Exakt angelegte Beete als erster Grundstock der Klostermedizin – so ist die Reinheit des Krauts und damit seine Wirksamkeit gewährleistet.*

sich eine Broschüre bestellen bzw. herunterladen, die erklärt, wie Karten richtig gelesen werden.

### Klostermedizin

Madonnenlilie und Muskatellasalbei
Vier große Klöster beherbergt Lübeck, neben dem Johannis-, Katharinen-, St. Annen-Kloster auch das Burgkloster. Jedes hat seine eigene reiche Geschichte, die Mehrzahl wird heute als Kulturraum genutzt. Im Burggarten des Burgklosters gedeihen seit Mai 2006 neben Muskatellasalbei und Frauenminze insgesamt 24 Kräuter nach dem »Hortulus des Walahfrid Strabo«, der klösterlichen Gartenbaulehre für medizinische Pflanzen. Die duftende Ausstellung wird 2007 durch mehrere deutsche Klöster (Rehna, Lüneburg und Zarrentin) wandern.

**Info zu den Folgeausstellungen: Uta Kabbeck-Schmidt, Kloster Rehna; E-Mail: info@kloster-rehna.de**
**23552 Lübeck, Kulturforum Burgkloster, Hinter der Burg 2–6; Tel. 04 51/1 22 71 50; Di–Fr 10–17 Uhr; Sa, So 11–18 Uhr; ca. 4/2 €**

### Notruf

**Polizei** 110
**Feuerwehr, Notarzt** 112

### Pilgerherbergen

Im Gegensatz zu Spanien und Frankreich existiert in Deutschland kein Netz von Pilgerherbergen. Unterkünfte – oft in Privathäusern von Jakobspilgern – vermitteln die Jakobusgesellschaften. Auch Glaubensgemeinschaften nehmen Pilger auf, wobei in Klöstern mit Gästehäusern der übliche Buchungspreis fällig wird. Ansonsten gilt: Wer im Besitz eines Pilgerausweises ist, darf eine Nacht bleiben, muss sich selbst versorgen und gibt eine Spende getreu dem Motto »Nimm, was du brauchst und gib, was du kannst«.

#### Cursillo-Haus St. Jakobus

Das Gästehaus der Stiftung Haus St. Jakobus liegt am oberschwäbischen Jakobsweg und bietet 24 Zimmer mit Abendessen und Frühstück (Doppelzimmer 25 €, Einzelzimmer 28 €). Dusche und WC werden gemeinsam genutzt.

**89610 Oberdischingen, Kapellenberg 58–60; Tel. 0 73 05/91 95 75; www.haus-st-jakobus.de**

#### CVJM-Gästehäuser

Der Christliche Verein Junger Menschen ist der größte christlich-ökumenische Jugendverband in Deutschland. Die rund 85 Gästehäuser stehen allen Interessierten offen und bieten in oft landschaftlich reizvoller Lage preisgünstige Übernachtungsmöglichkeiten, die häufig behindertengerecht ausgebaut sind.

**34131 Kassel, Im Druseltal 8; Tel. 05 61/30 87-0; www.cvjm.de**

### Kolpinghäuser

Das Kolpingwerk, Mitte des 19. Jh. vom Priester Adolph Kolping ursprünglich zur Unterstützung familienloser Gesellen gegründet, unterhält in Deutschland rund 32 Pensionen und Hotels, die preiswert Unterkunft bieten. Komfortabler wird es in den Drei-Sterne-Hotels in Düsseldorf, Freiburg, Fulda, Köln und Münster (www.kolping-hotels-resorts.de). Eine Liste der Orte befindet sich im Internet und beim Verband der Kolpinghäuser.

**50667 Köln, Kolpingplatz 5–11; Tel. 02 21/20 70 10; www.kolpinghaeuser.de**

### St. Martin am Glockenbach

Das spirituelle Zentrum der evangelisch-lutherischen Kirche in Bayern bietet Pilgern kostenfrei Matratzen für eine Übernachtung an. Die Gäste schlafen auf der Empore ihrer Kapelle; Dusche und Küche für die Selbstversorgung sind vorhanden.

**80469 München, Arndtstr. 8; Tel. 089/14 07 91 62; www.stmartin-muenchen.de**

### VCH-Hotels

Der Verband Christlicher Hoteliers besteht seit mehr als 100 Jahren und ist ein Zusammenschluss unterschiedlicher Hotels, deren Betreiber sich zum christlichen Glauben bekennen. Unter den etwa 60 Gasthäusern finden sich Klöster und Tagungsstätten, Gutshäuser und klassische Mittelklassehotels, die sich dem Motto der Gründerväter – »Herberget gerne!« – verpflichtet fühlen.

**10117 Berlin, Ziegelstr. 30; Tel. 0 30/20 21 56 50; www.vch.de**

## Pilgerpass

auch Pilgerbrief oder Pilgerausweis genannt; wird u. a. von der Deutschen St.-Jakobus-Gesellschaft ausgestellt. Der »Credencial del Peregrino« bestätigt, dass der Pilger auf althergebrachte Weise – zu Fuß, mit dem Rad oder Pferd – nach Santiago de Compostela unterwegs ist. Pilgerpässe sollten unterwegs einmal pro Tag durch Stempel mit Datum und Unterschrift von Herbergen oder offiziellen Stellen beglaubigt werden. Der Credencial ermöglicht das Quartier in einer Pilgerherberge oder einem Kloster – kostenlos oder gegen eine Spende. Die Deutsche St.-Jakobus-Gesellschaft empfiehlt Pilgern, die nicht auf traditionelle Weise reisen, sich andere Unterkünfte zu suchen.

## Pilgerwege

1987 verfasste der Europarat in Santiago de Compostela eine Deklaration, in der er die Pilgerwege als »höchst symbolisch für den europäischen Entwicklungsprozess« würdigt und aufruft, das Wegenetz wiederzubeleben. Als gemeinsames Zeichen wurde der goldene Strahl in Form eines Pfeils auf blauem Grund gewählt. Er korrespondiert mit der Europaflagge (zwölf goldene Sterne auf blauem Grund): Die Strahlen symbolisieren die elf Richtungen, die aus Europa zum Ziel führen, dem zwölften »Stern«, Santiago de Compostela. Der Weg auf dem Bild führt demnach nach rechts.

*Ein Zeichen der Besinnung in unserer schnelllebigen Zeit: Das Kreuz am Wegesrand lädt zur Andacht, aber auch zum Ausruhen ein.*

### Recht

Wer sich beim Pilgern unterwegs etwa an herumliegenden Baumstämmen verletzt, hat keinen Anspruch auf Schadensersatz. Wanderungen brächten eine »naturgemäß auch waldtypische Gefahr mit sich« – so das OLG Celle (Az. 14 U 147/05). Also besser das Hindernis weiträumig umgehen.

### Reisewetter

Die folgenden Internetadressen halten die Wetterdaten der kommenden Tage bereit.

**www.wetteronline.de**

**www.wetter.com**

**www.fallingrain.com/world/GM**
Jedes noch so kleine Städtchen ist hier aufgeführt, und als Bonus sieht man die Satellitenperspektive. Diagramme über Regenfall und Sonnenschein, GPS-Koordinaten.

### Santiago de Compostela

zu deutsch: Heiliger Jakob am Sternenfeld; Stadt in Galicien, im Nordwesten Spaniens; ca. 92 000 Einwohner. Seit 830 Pilgerstätte und neben Rom und Jerusalem die bedeutendste des christlichen Abendlandes. 2005 verzeichnete das Pilgerbüro 94 000 Wallfahrer, davon 17,4 % aus Deutschland. 2004, im letzten Heiligen Jahr (⇢ S. 116) waren es insgesamt 180 000.

### Ultreia

Allgemein anerkannter Pilgergruß; heißt so viel wie »Weiter geht's«, »Geh voran«, »Immer weiter«.

# VCH-Hotels in Deutschland

**VCH-Hotel St. Elisabeth,** 78476 Allensbach-Hegne; Tel. 07533/807-200
**VCH-Gästehaus Bad Bevensen,** 29549 Bad Bevensen; Tel. 05821/959111
**VCH-Vinzenz Klinik,** 73342 Bad Ditzenbach; Tel. 07334/76108
**VCH-Erika-Stratmann-Haus,** 33014 Bad Driburg; Tel. 05253/981-0
**VCH-Bibel und Freizeitheim Monbachtal,** 75378 Bad Liebenzell; Tel. 07052/926-1510
**VCH-Kneipp-Kurhaus Bartholomäus,** 86825 Bad Wörishofen; Tel. 08247/9618-0
**VCH-Kurpension St. Josef,** 86825 Bad Wörishofen; Tel. 08247/308-0
**VCH-Kneippsche Stiftung Kneippianum,** 86825 Bad Wörishofen; Tel. 08247/351-0
**VCH Spreehotel Bautzen,** 02625 Bautzen; Tel. 03591/2130-0
**VCH-Hotel Albrechtshof,** 10117 Berlin; Tel. 030/30886-606
**VCH-Hotel Allegra,** 10117 Berlin; Tel. 030/30886-606
**VCH-Hotel Augustinenhof,** 10117 Berlin; Tel. 030/30886-606
**VCH-Hotel garni Haus der Begegnung,** 10717 Berlin; Tel. 030/860098-0
**VCH-Hotel Morgenland,** 12205 Berlin; Tel. 030/8438890
**VCH-Akademie-Hotel,** 13156 Berlin; Tel. 030/48837-0
**VCH-Hotel Christophorus-Haus,** 13587 Berlin; Tel. 030/33606-0
**VCH-Hotel Bremer Haus,** 28195 Bremen; Tel. 0421/3294-0
**VCH-Hotel Haus Chorin,** 16230 Chorin; Tel. 03 33 66/50-0
**VCH-Hotel Martha Hospiz,** 01097 Dresden; Tel. 0351/8176-0
**VCH-Zentrum Kloster Drübeck,** 38871 Drübeck; Tel. 039452/94-300
**VCH-Hotel Haus Hainstein,** 99817 Eisenach; Tel. 03691/242-0
**VCH-Hotel An der Klosterpforte,** 06295 Eisleben/Lutherstadt; Tel. 03475/602549
**VCH-Hotel Essener Hof,** 45127 Essen; Tel. 0201/2425-0
**VCH-Hotel Zur Burg Sternberg,** 32699 Extertal-Linderhofe; Tel. 05262/944-0
**VCH-Hotel Spenerhaus,** 60311 Frankfurt; Tel. 069/21651423
**VCH-Ev. Gästehaus St. Urban,** 79104 Freiburg; Tel. 0761/15104/500
**VCH-Hotel am Schlosspark,** 99867 Gotha; Tel. 03621/442-0
**VCH-Hotel Greifswald,** 17489 Greifswald; Tel. 03834/516-0
**VCH-Hotel Alsterhof,** 20301 Hamburg; Tel. 040/350070
**VCH-Hotel Baseler Hof,** 20354 Hamburg; Tel. 040/35906-0
**VCH-Hotel Scheideholzer Hof,** 21149 Hamburg-Neugraben; Tel. 040/702040
**VCH-Hotel Loccumer Hof,** 30159 Hannover; Tel. 0511/1264-0
**VCH-Tagungsstätte Herrenberg,** 71083 Herrenberg; Tel. 07032/206213
**VCH-Landschloss Korntal,** 70825 Korntal; Tel. 0711/838880-0
**VCH-Tagungsstätte Haus Stapellage,** 32791 Lage; Tel. 05232/8196
**VCH-Hotel Michaelis,** 04107 Leipzig; Tel. 0341/2678-0
**VCH-Evang. Tagungsstätte Löwenstein,** 74245 Löwenstein; Tel. 07130/4848412
**VCH-Hotel Schloß Lübbenau,** 03222 Lübbenau; Tel. 03542/873-0
**VCH-Hotel Anker,** 97828 Marktheidenfeld; Tel. 09391/6004-0
**VCH-Ev. Tagungsstätte Haus Nordhelle,** 58540 Meinzershagen-Valbert; Tel. 02358/8009-0
**VCH-Hotel Schloss Wendorf,** 17219 Möllenhagen; Tel. 02192/2011
**VCH-Evang. Begegnungszentrum Lindenhof,** 06502 Neinstedt; Tel. 03947/99138
**VCH-DiaLog-Hotel,** 91564 Neuendettelsau; Tel. 09874/82237
**VCH-Hotel Sonnenschein,** 72285 Pfalzgrafenweiler-Herzogsweiler; Tel. 07445/85804-0
**VCH-Ev. Tagungsstätte Schloss Beuggen,** 79618 Rheinfelden; Tel. 07623/7519-0
**VCH-Haus Rheinsberg Hotel am See,** 16831 Rheinsberg; Tel. 033931/3440
**VCH-Hotel Elbotel,** 18069 Rostock; Tel. 0381/8088-0
**VCH-Hotel Atrium am Meer,** 18556 Rügen/Seebad Juliusruh; Tel. 038391/403-0
**VCH-Hotel Wartburg,** 70174 Stuttgart; Tel. 0711/2045-0
**VCH-Hotel Hospiz,** 72070 Tübingen; Tel. 07071/924-0
**VCH-Amalienhof Hotel und Appartementhaus,** 99423 Weimar; Tel. 03643/549-0
**VCH-Luther-Hotel,** 06886 Wittenberg; Tel. 03491/4580

# CVJM-Unterkünfte

**Hotels**

**CVJM-Hotel am Wollmarkt**
38100 Braunschweig; Tel. 0531/244400
**CVJM Düsseldorf Hotel & Tagung**
40210 Düsseldorf; Tel. 0211/17285-0
**CVJM City Hotel**
30159 Hannover; Tel. 0511/3607-0

**Gästehäuser/Freizeitheime**

**CVJM-Gästehaus Chiemgau**
83346 Bergen; Tel. 08662/667250
**CVJM Kaulsdorf Berlin**
12621 Berlin; Tel. 030/56588477
**Internationale JBBS Sophienhof**
10178 Berlin; Tel. 030/284977-77
**JGH des CVJM Berlin**
10787 Berlin; Tel. 030/264910-88
**Gästehaus Hohe Rhön**
97653 Bischofsheim; Tel. 09772/93040
**CVJM-Appartementhaus Viktoria**
26757 Borkum; Tel. 04922/307-132
**CVJM-FFS Viktoria**
26757 Borkum; Tel. 04922/307-0
**CVJM-FBS KV Biedenkopf**
35236 Breidenbach; Tel. 06468/374
**CJD-JGH Bremervörde**
27432 Bremervörde; Tel. 04761/98420
**CVJM-FFTS Solling**
37586 Dassel; Tel. 05564/203-0
**CVJM-Jugendschiff**
01097 Dresden; Tel. 0351/8945850
**CVJM Trogen**
95183 Feilitzsch; Tel. 09281/43444
**CVJM-JuF Rodenroth**
35753 Greifenstein; Tel. 02779/454
**CVJM-FJBS Anne-Frank-Haus**
29313 Hambühren; Tel. 05143/1624
**CVJM-Mitarbeiterzentrum**
91729 Haundorf; Tel. 09837/96803
**Evang. Bergheim Unterjoch**
87541 Hindelang; Tel. 0711/9781-324
**CVJM-FH Burlage**
49448 Hüde; Tel. 0541/47917
**CVJM-JBTS Kassel-Wilhelmshöhe**
34131 Kassel; Tel. 0561/3087-511
**CVJM-BS Haus Elsenburg**
56349 Kaub; Tel. 06774/249
**CVJM-JFH Kollm**
02906 Kollm; Tel. 03588/201255
**CVJM Lübeck SleepIn**
23552 Lübeck; Tel. 0451/3999410
**JBBS Schloss Mansfeld**
06343 Mansfeld; Tel. 034782/20201
**FuT des CVJM Altenstein**
96126 Maroldsweisach; Tel. 09535/92210
**CVJM-Haus am See**
14778 Mötzow; Tel. 033836/40257
**CVJM München JGH**
80336 München; Tel. 089/5521410
**CVJM-Zentrum Johannishöhe**
67697 Otterberg; Tel. 06301/7150-0
**CVJM-FJBS Strobel-Mühle**
09509 Pockau; Tel. 03735/6602-0
**CVJM-Gästehaus Hintersee**
83486 Ramsau; Tel. 08657/9887-0
**CVJM-FSZ Ratzeburg**
23909 Ratzeburg; Tel. 04541/89906-0
**CVJM-JEG Huthaus**
08289 Schneeberg; Tel. 03772/20339
**CVJM-Hof Magnetsried**
82402 Seeshaupt; Tel. 08801/9156-0
**TJBS Der Sunderhof**
21218 Seevetal; Tel. 04105/621-0
**CVJM-Burg Wernfels**
91174 Spalt-Wernfels; Tel. 09873/515
**CVJM-FFS Huberhaus**
38855 Weringerode; Tel. 03943/5434-0
**Internationales Jugendgästehaus**
26382 Wilhelmshaven; Tel. 04421/151532
**CVJM-TJBS Siegerland**
57234 Wilnsdorf; Tel. 02739/8953-11
**CVJM-FH Wittenberg**
06886 Wittenberg; Tel. 03491/410707

*In den Hotels oder Gästehäusern des CVJM sind nicht nur junge Menschen willkommen.*

Hier finden Sie alphabetisch aufgeführt alle in diesem Band beschriebenen Orte, Sehenswürdigkeiten und Ziele. Außerdem enthält das Register wichtige Stichworte dieses Reiseführers. Wird ein Begriff mehrfach aufgeführt, verweist die **fett gedruckte** Zahl auf die Hauptnennung im Band, eine *kursive* Zahl verweist auf ein Foto.


**A**
Aachen 50
Aalen 87
Ablasshandel 59
Adelberg 88
Allmannsried 88
Altenwerder 18, **26**
Altes Land 26
Ammersee 81
Apensen 26
Apolda 53, 60, **63**
Arenberg *99*
Aschaffenburg 84, 85
Auskunft 112
Ausrüstung 113

**B**
Bad Doberan 20, **22**
Bad Kösen 60, **62**
Bad Oldesloe 18
Barrierefrei reisen 114
Bayern 71
Bebenhausen 101
Rottenburg 101
Berlin 32, 33, 34
Bernau 33, 36, **40**
Benediktbeuren 70
Bestensee 34
Bielefeld 48
Bielefeld-Sparrenburg 51, *51*
Biesenthal 36, **41**
Biosphärenreservat Schorfheide-Chorin 33, **36**
Biosphärenreservat Spreewald 34, 35
Bismarck, Otto von 103
Bonn *99*
Bora, Katharina von *59*
Borstel 26
Bremen 18, 19
Brockhagen 51, **52**
Bruchsal 100
Buchtipps 114
Buxtehude 18, 26, *26*

**C**
Camino 116
Chorin 36, *36*, 38, *38*
Compostela 116
Credencial del Pelegrino 116

**D**
Dannsee 26, **28**
Danzig 32
Dießen *72*
Dinkelsbühl 87
Dreischlingen 51, **52**
Dresden 35, *35*
Dülmen 48

**E**
Eberswalde 36, **38**, *41*
Eckartsberga 60, **63**
Eckartsburg 60
Einschlingen 51
Eisenach 47, 58, 64, **66**
Eisleben 58, 59, 60
Emmerick, Katharina 48
Erfurt 58, 59, **64**, *65*
Essen 49, 50
Europäischer Fernweg E10 34, 35

**F**
Fahrradverleih 116
Festung Ehrenbreitstein *99*
Festung Marienburg 85
Finow 36
Finowkanal 39
Finowfurt 36
Fontane 32, 33
Fränkenau 60
Franken 32
Freising 71

**G**
Gotha 64
Greifswald 19
Grevesmühlen 18
Graal-Müritz 20
Groß Köris 32, **34**

**H**
Hamburg 18, *18*, 19
Hamburg-Altenwerder 16, **26**
Hannover *44/45*, 46, *46*
Heeslingen 26
Heiligendamm 20, *22*, **23**
Heiliges Jahr 116
Herford 47, 48
Herrsching 72, **81**

**I**
Internet 116
Isarauen *70*

**J**
Jakobsmuschel 32, **117**, *120*
Jakobsweg 50, 59, 71
Jakobus der Ältere 117
Jakobusgesellschaften 117
Jork 18, **26**

**K**
Kartenmaterial 118
Kloster Andechs 72, *78*, **79**
Kloster Chorin **36**, *36*, 38, *38*
Kloster Loccum 46, 47
Kloster Marienfeld 51, **53**
Kloster Schäftlarn *68/69*, 72, **74**, **76**

Kloster Schulpforte 60
Klostermedizin 119, *119*
Koblenz *99*
Köln 49, 50
Königs Wusterhausen 33
Kreuzberg 33

L
Landshut 71
Leipzig 32
Lindau *82/83*, 84, *84*, 88, **91**, *92*
Lindenberg 88
Lißdorf 60
Lötz 88
Lübben 34
Lübbenau 35
Lübeck *16/17*, 18, 19
Loreley 98
Luther 58
Lutherhaus 66
Lutter 54

M
Mainz 100
Maria-Frieden-Wallfahrt 33
Maria Meeresstern 33
Marienkapelle Weißensberg 89, *90*
Marienkirche Wittenberg 58
Marienklause 74, *74*
Marienwallfahrt 33
Mark Brandenburg 32
Marktheidenfeld 85
Maulbronn 100
Minden 47
München 70, **72**
Münster 48, *48*
Münsterland 50

N
Nationalpark Hainich 64, **66**, *66*
Naturpark Steinhuder Meer 46
Naumburg 60, *61*
Neuenfelde 26
Neumann, Johann Balthasar 86
Niederfinow 36
Niederstaufen 88
Notruf 119
Nürnberg 71, 84

O
Ökumenischer Pilgerweg 35, 59, 60, 64

P
Pilgerpass 120, 126
Pilgerherbergen 119
Pilgerwege 120
Porta Westfalica 47
Prag 84
Pullach 72

R
Regensburg 71
Reisewetter 121
Rheinsteig *99*
Ribnitz-Damgarten 18, **20**
Riemenschneider, Tilman 86
Rostock 18, 19
Rothenburg ob der Tauber 84, 86
Rottenburg am Neckar *98*, 101, **106**, *106*
Rüdesheim 100
Ruhrgebiet 49, *49*, 50

S
Santiago de Compostela 33, 48, 50, 59, 60, 70, 84, 86, **121**
Schiffshebewerk 39
Schlachters 88
Schloss Friedensstein 65
Schlosskirche Wittenberg 58
Schmira 64
Schneider von Ulm 87
Schondorf 72
Schorfheide *30/31*
Sebaldus 71
Sigmarszell 88
Sparrenburg 51, *51*
Speyer 100
Spreewald *32*, 34
St. Gertrud *16*
Starnberg *72*
Starnberger See 70, **77**
Stettin 32
Stifterfiguren 61
Stralsund 18, 19
Streitelsfingen 88
Streitelsfinger Anhöhe *90*
Stuttgart 100

T
Teutoburger Wald 48
Tiepolo, Giovanni Battista 86
Tübingen *96/97*, 101, *102*

U
Ulm 84, 87
Ulmer Münster 87
Ultreia 121
Uta 61

V
Via Regia 59, 61

W
Warendorf 48
Warnemünde 18, 20, **21**
Wartburg 59, **66**
Wasserburg Dannsee 26, **28**
Wiesbaden *99*
Wismar 18, 19
Wittenberg 58, 59
Worms 59, 100
Würzburg 84, 85
Würzburger Residenz 86
Wuppertal 50, *50*
Wurmlingen 101
Wurmlinger Kapelle 103, *105*

Z
Zeven 18, 26, **28**
Zweischlingen 51

# Pilgerpass

Vorname und Name*

Geburtsdatum*

Nummer Personalausweis oder Pass*



Start, Datum

Ziel, Datum

Start, Datum

Ziel, Datum

Start, Datum



Ziel, Datum

* Angaben müssen mit Eintrag im Personalausweis oder Pass übereinstimmen

VCH-HOTELS
Verband Christlicher Hoteliers e.V.

BAVC

- [ ] zu Fuß
- [ ] mit dem Fahrrad
- [ ] zu Pferd

Straße/Hausnummer*

PLZ und Ort*

| | |
|---|---|
| Start, Datum | Ziel, Datum |
| Start, Datum | Ziel, Datum |
| Start, Datum | Ziel, Datum |

**Liebe Leserinnen und Leser,**
wir freuen uns, Ihre Meinung zu diesem Reiseführer zu erfahren. Bitte schreiben Sie uns, wenn Sie Berichtigungen und Ergänzungsvorschläge haben oder wenn Ihnen etwas besonders gut gefällt:

**TRAVEL HOUSE MEDIA GmbH,** Postfach 86 03 66, 81630 München
E-Mail: merian-live@travel-house-media.de Internet: www.merian.de

**DIE AUTOREN**
Diesen Reiseführer schrieben **Nina Kolle** und **Axel Nowak**.
Nina Kolle, Autorin und Fotografin aus Hamburg, wollte schon immer mal pilgern. Der Anfang ist nun gemacht – sie schrieb die Routen 1–4. Weiterer MERIAN *live!*-Band: Algarve.
Axel Nowak erstellte das Konzept zu diesem Reiseführer und erkundete die Touren 5–7. Er ist als Autor für regionale und überregionale Zeitungen tätig und verfasste bereits die MERIAN *live!*-Bände Nordhessen und Basel.

Alle Angaben in diesem Reiseführer sind gewissenhaft geprüft. Preise, Öffnungszeiten usw. können sich aber schnell ändern. Für eventuelle Fehler übernimmt der Verlag keine Haftung.

**Bei Interesse an Karten aus MERIAN-Reiseführern schreiben Sie bitte an:**
iPUBLISH GmbH, geomatics
Berg-am-Laim-Straße 47
81673 München
E-Mail: geomatics@ipublish.de

**Bei Interesse an Anzeigenschaltung wenden Sie sich bitte an:**
KV Kommunalverlag GmbH & Co KG
MediaCenterMünchen
Tel. 0 89/92 80 96-44
E-Mail: kramer@kommunal-verlag.de

**FOTOS**
Titelbild: Marienkapelle Weißensberg (Axel Nowak); untere Reihe von links: Schaf (Nina Kolle), Kloster Andechs (Axel Nowak), Biergarten Flaucher (Axel Nowak); akg-images 52; Babovic/laif 35; DB AG/DB Rent 116; R. Freyer 65; Gräfenhain/Huber 46; Klaes/Huber 49, 50, 51; Nina Kolle 6/7, 13, 16/17, 22, 26, 30/31, 32, 36, 37, 38, 41, 44/45, 53, 56/57, 58, 61, 66, 113, 119, 121, 123; Axel Nowak 9, 10/11, 68/69, 70, 73, 74, 75, 76, 78, 84, 88, 90, 91, 92, 93, 96/97, 98, 102, 103, 105, 106, 110/111, 120; Michael Pasdzior 18; R. Schmid/Huber 48, 82/83



**PROJEKTLEITUNG**
Verónica Reisenegger
Tel. 0 89/45 00 09-9 12
veronica.reisenegger@travel-house-media.de
**PROGRAMMLEITUNG**
Susanne Böttcher
**KONZEPT**
Axel Nowak, netzwerkmedia@email.de
**REDAKTION**
Waltraud Ries
**GESTALTUNG UND SATZ**
tab indivisuell, Stuttgart
**KARTEN**
MERIAN-Kartographie
**PRODUKTION**
Gloria Pall
**DRUCK**
Appl, Wemding
**BINDUNG**
Auer, Donauwörth
**GEDRUCKT AUF**
Nopacoat Edition von der Papier Union

1. Auflage
ISBN (10) 3-8342-9523-X
ISBN (13) 978-3-8342-9523-1

TRAVEL HOUSE MEDIA

*Ein Unternehmen der*
GANSKE VERLAGSGRUPPE